新媒体营销与
广告设计研究

左石华 著

电子科技大学出版社
University of Electronic Science and Technology of China Press
·成都·

图书在版编目(CIP)数据

新媒体营销与广告设计研究/左石华著.--成都：成都电子科大出版社,2023.12
ISBN 978-7-5770-0841-7

Ⅰ.①新... Ⅱ.①左... Ⅲ.①网络营销②广告设计 Ⅳ.①F713.365.2②F713.81

中国国家版本馆 CIP 数据核字(2024)第 032463 号

新媒体营销与广告设计研究
XINMEITI YINGXIAO YU GUANGGAO SHEJI YANJIU

左石华　著

策划编辑　　刘　凡
责任编辑　　刘　凡

出版发行　电子科技大学出版社
　　　　　成都市一环路东一段 159 号电子信息产业大厦九楼　邮编 610051
主　　页　www.uestcp.com.cn
服务电话　028－83203399
邮购电话　028－83201495

印　　刷　成都市火炬印务有限公司
成品尺寸　170mm×240mm
印　　张　9.5
字　　数　128 千字
版　　次　2024 年 5 月第 1 版
印　　次　2024 年 5 月第 1 次印刷
书　　号　ISBN 978-7-5770-0841-7
定　　价　59.00 元

版权所有,侵权必究

前　言

　　伴随着科技的发展及互联网时代的到来,新媒体产业作为一种区别于传统媒体的新兴产业正在迅速崛起,其以移动互联网为媒介渗透到各个领域,其中发展最快、最具有前景的就是新媒体营销领域。

　　在新媒体时代背景下,以数字媒体和信息技术为基础的多点矩阵传播、精准广告投放成为媒体营销的新趋势。为适应新趋势,平台不断升级相关的营销工具,集深度洞察、高效转化、精准投放、效果营销于一体的广告新生态逐渐形成,企业广告的创意创新、设计表现、投放优化等有了更广阔的空间。

　　以互联网为基础的交互式新媒体技术不断改变着人们的思维模式和工作方式,同时也对人们的生活造成深刻影响。与人们日常消费活动息息相关的广告是商家开展营销攻势的抓手,因此,广告设计者要与时俱进,学会在交互式新媒体环境下创作出更多优秀的广告作品。

　　本书从新媒体营销与广告设计的角度出发,首先对新媒体营销进行概述,然后介绍了新媒体营销的主要类型,之后对广告设计基本理论和广告版式编排进行研究,最后对新媒体广告策划进行分析。本书内容丰富、结构合理、思路清晰,对新媒体营销与广告设计相关人员开展工作有积极的借鉴意义。

在本书的撰写过程中,参考和借鉴了部分学者和专家的研究成果,在此向其作者表示诚挚的谢意。由于知识水平有限,书中难免有疏漏与不妥之处,敬请广大读者批评指正。

目　录

第一章　新媒体营销概述 …………………………………………… 1
　　第一节　新媒体与新媒体营销 ………………………………… 3
　　第二节　新媒体对营销的影响 ………………………………… 5
　　第三节　新媒体环境下的企业营销策略 ……………………… 10
　　第四节　新媒体环境下的营销模式变革 ……………………… 13
　　第五节　新媒体环境下的营销模式创新 ……………………… 14

第二章　新媒体营销的主要类型 …………………………………… 19
　　第一节　微博营销 ……………………………………………… 21
　　第二节　微信营销 ……………………………………………… 28

第三章　广告设计基本理论 ………………………………………… 31
　　第一节　广告设计的理论知识 ………………………………… 33
　　第二节　广告设计要素 ………………………………………… 50
　　第三节　广告设计原则 ………………………………………… 80
　　第四节　广告设计创新 ………………………………………… 81

第四章　广告版式编排 ……………………………………………… 85
　　第一节　广告版式编排的形式原理 …………………………… 87
　　第二节　广告版式编排的基本形式 …………………………… 92

第五章　新媒体广告策划 ………………………………………… 99
第一节　广告策划概述 ……………………………………… 101
第二节　新媒体广告战略策划 ……………………………… 104
第三节　新媒体广告策略策划 ……………………………… 130

参考文献 …………………………………………………………… 145

第一章

新媒体营销概述

第一节 新媒体与新媒体营销

一、新媒体

新媒体是利用数字技术，通过计算机网络、无线通信网、卫星等渠道，以及电脑、手机、数字电视机等终端，向用户提供信息和服务的传播形态。从空间上来看，"新媒体"特指当下与"传统媒体"相对应的，以数字压缩和无线网络技术为支撑，利用其大容量、实时性和交互性，可以跨越地理界线最终得以实现全球化的媒体。

广义的新媒体包括两大类：一是基于技术进步引起的媒体形态的变革，尤其是基于无线通信技术和网络技术的媒体形态，如数字电视、IPTV（Interactive Personality TV，交互式网络电视）、手机终端等；二是以前已经存在，随着人们生活方式的转变，现在才被应用于信息传播的载体，例如楼宇电视、车载电视等。狭义的新媒体仅指第一类，即基于技术进步而产生的媒体形态。

实际上，新媒体可以被视为新技术的产物，数字化、多媒体、网络等最新技术均是新媒体出现的必备条件。新媒体诞生以后，媒介传播的形态就发生了翻天覆地的变化，诸如地铁阅读、写字楼大屏幕等，都是将传统媒体的传播内容移植到了全新的传播空间。

二、新媒体营销

（一）新媒体营销的概念

新媒体营销是在新媒体发展的基础上，通过新媒体渠道开展的营销活动。传统的营销追求的是所谓的"覆盖量"（或者叫"到达率"），在报纸和杂志上的体现就是发行量，在电视和广播上的体现就是收视率，在网站上的体现便是访问量。将广告或者公关文章加载到覆盖量高的媒体上，便可以取得较多的注意。这种传播方式本质上属于宣传模式，传播路径基本上是单向的。

与传统的营销相比,新媒体营销突破了传统的营销模式,不仅能够精确地获取访问量,甚至能够收集整理出访问的来源,访问的时间,受众的年龄、地域、生活习惯、消费习惯等,比传统营销更精准、更有效、更节省时间。而且事实表明,企业采用新媒体营销可以由单极向多极发展,选择更多;能更有效地收集客户资料,针对目标客户营销;能降低成本,提高效率;能更快更好地进行企业品牌宣传。

总的来说,新媒体营销是基于特定产品的概念诉求与问题分析,对消费者进行针对性心理引导的一种营销模式。从本质上来说,它是企业软性渗透的商业策略在新媒体形式上的实现,通常借助媒体表达与舆论传播使消费者认同某种概念、观点和分析思路,从而达到与企业品牌宣传、产品销售相关的目的。

(二) 新媒体营销的优势

新媒体营销具备以下优势。

1. 新媒体可以与消费者有效互动,进而使其成为新的传播源

在如今信息泛滥的新媒体时代,消费者的决策成本进一步提高,过去那种传统的信息传播已经无法满足当今企业的营销需求。传统媒体时代,企业的营销方式主要为硬性推广,而新媒体营销则加强了企业与客户之间的交流互动,从而达到更有效的传播效果。企业要做到让每个目标用户参与到产品的开发设计中去,让企业的产品融入消费者的生活,通过消费者的口口相传,让产品的宣传无限地扩散下去。让消费者成为企业营销的一分子,共同完成企业的理想目标,已成为现代企业最佳的营销方式。

2. 新媒体带来了巨大的数据库营销宝藏

新媒体的一个巨大特点就是可以获得大量的用户消息。当用户在各个平台上进行商品浏览或购买时,往往需要进行注册,在注册过程中,用户需要提供自己的相关信息。而企业通过这些平台的后台数据,可以筛选出大量精准的潜在客户,然后企业对这些用户所提供的信息,进行

系统的数据分析，从而发现用户的需求点，或者挖掘用户的消费潜力，以便于更精准地制订营销方案。

3. 新媒体能有效地面对危机公关

任何企业的经营都不可能十全十美，面对如今需求多样化的消费者，任何产品和服务都不可能达到让所有消费者都满意的效果，而且新媒体的特点就是信息特别分散，人们的舆论难以控制。因此，企业存在负面消息很正常，任何一种媒体都难以避免，但企业要学会如何更合理地控制这些负面消息。

新媒体的合理使用，能帮助企业迅速发现不良苗头，从而在每一次危机来临时做出合理的拯救措施。公关是企业营销传播中的一个重要部分，而能否合理地应对危机公关会影响到企业的生存发展。在现如今话语权对等的新媒体环境下，不仅媒介有发布信息的权利，消费者也可以利用新媒体发出自己的声音，一旦企业做出对消费者不利的事情，消费者可以在这些网络媒介上迅速发出自己的声音，这可能对企业产生致命的影响。因此，新媒体的发展，让企业不得不一直保持一种危机意识，同时建立起一整套完善的危机公关机制，注意与各个媒体的合作，以应对各种突发危机。

总而言之，传统的营销传播是以大众媒体为基础，所有的信息必须依赖大众媒体才能有效传播出去。在传统的营销模式下，消费者是完全被动接受的一方，如何获得信息，获得何种信息，消费者都无法控制；同时，销售者也很难验证自己的广告营销效果。而新媒体营销改变了传统营销中的信息单向流动模式，消费者不仅是信息的接收者，更是信息的创作者，同时也可以传播任何想要传播的信息。

第二节　新媒体对营销的影响

一、新媒体促进市场营销发展

对于企业的市场拓展而言，新媒体传播是一种十分重要的手段。市场营销是企业拓展市场的必经步骤,当企业发展到一定规模之后,为了获得更多的市场份额,需要对企业进行宣传和营销。新媒体就是企业提升市场知名度以及拓展市场的重要途径。新媒体既可以帮助企业提高交易效率,也可以为企业创造更多的商业机会,这些机会可以让那些成本比较高或者执行起来有一定难度的交易变得更加简单可行,可以促进企业的市场竞争水平不断提升。新媒体是传统交易手段的一种重要补充形式,加强营销过程中对互联网平台和信息技术的应用,可以有效地提高企业的市场竞争力,从而提高市场营销的成功率。

二、新媒体影响市场运行环境

(一)新媒体生态环境变化

新媒体技术引发了传播格局的重新洗牌,多元化的传播格局正在形成,媒介生态发生了很大变化。新媒体生态环境的特点可以概括为以下两个方面。

1. 媒介融合趋势凸显,不同形态媒介之间的竞争加剧

新媒体消解了传统媒体的时空界限,也消解了传播者和接收者之间的职能界限。由于新媒体是复合型媒体,所以在新媒体环境中,以网络为代表的主要传播载体,既可以进行文字的传播,又可以进行音频、视频的传播,同时还能把文字、音频、视频等传播内容存储下来,以便受众随时取阅。传播手段的数字化使得传统媒体开始在互联网上投入精力,原本不相干的、不同形态的传统媒体直面新媒体的冲击,不同形态的媒体变成了直接的竞争对手。

2. 媒体碎片化,受众分众化,大众传播市场效果减弱

人类传播的发展首先经历了从人际传播到大众传播的过程,而新媒体的出现则是人类传播由大众传播到分众传播的革命。手机媒体、户外媒体、触摸媒体等媒体形式的出现,既代表了媒体的碎片化趋势,也体现出媒体对受众碎片化注意力的抢夺。当今社会信息处于过剩状态,而受众的注意力却是有限的稀缺资源,受众的信息接收方式、媒介接触习惯等发生了变化,由于教育背景、经济条件的不同,受众的区隔越来越

脱离简单的人口统计学特征，相应地也发生了碎片化，受众更可能因某些方面的相似而形成小群体，表现出分众化趋势，在媒体选择方面表现出人际媒体、小众媒体、大众媒体之间的同步性。

(二) 新媒体营销环境变化

1. 沟通由单向变为双向

Web 3.0创造的互动沟通的空间，不再是生产者和营销者一家独大的世界，消费者有了自由发布信息、修改信息、进行事件和活动讨论的条件，原先那种"点对面"的"独白式"传播形式已经一去不复返，取而代之的是"点对点"与"点"的互动式传播形式。受众从大众传播的"面"中走出来，立话语权的"点"，这个"点"既可以"点对点"，也可以成为一个个拥有"独点"的"面"。这种互动式传播形式继承了两种传播形式的特点和优势，但又不是两者简单的叠加，而是一种全新的创造。

传统的营销传播是以大众媒体为基础的，所有的传播活动依赖于大众媒体，生产者和销售者首先讨好媒体，再通过大众媒体将产品信息传递给消费者。消费者被认定为"毫无反抗之力的人"，无法控制自己的信息获取渠道以及获取哪些信息、怎样获取信息，销售者也很难验证广告效果。新媒体营销颠覆了传统营销传播中的信息单向流动状态，消费者既是信息的受众，也是信息的创作者，同时还是信息的传播者。在双向沟通的营销环境中，每个消费者在产品的品牌塑造和营销传播方面都具有价值。新媒体延展了传统意义上的营销行为，消费者通过网站、微博、博客、论坛等形式，参与消费者之间的讨论和互动，交流产品使用心得，还可以与生产者和销售者直接面对面，这样一来，信息得到及时反馈，传播效果也得到加深巩固。

2. 消费品市场由大众市场走向分众市场

二十世纪四十年代之后，生产技术不断进步，社会化大生产日渐成熟，在二十世纪五六十年代，制造业表现出强劲的上升势头，但随着生产力的发展，产品的同质化程度越来越高，快速消费品市场中的产品，无论是质量、功能，还是价格、包装等各方面的差异都在缩小。一方面，消费者在选择快速消费品时，不再将产品质量等硬件条件作为唯一的选择因素。消费者不只追求能够满足基本的生活需求的产品，还追求个性化、差异化的产品，对快速消费品的需求越来越多。另一方面，社会化大生产的产品同质化趋势，迫使消费品生产者不断改进生产，根据消费者的不同需求来进一步细分产品市场，以期在市场竞争中获得更多的市场份额。快速消费品的大众市场正在解体，走向分众市场。

(三) 新媒体时代消费者变化

1. 消费者群体特征

根据智研咨询发布的《2021—2027年中国互联网行业发展现状调研及发展趋势预测报告》数据显示：截至2021年6月，我国30～39岁网民占比为20.3%，在所有年龄段群体中占比最高；40～49岁、20～29岁网民占比分别为18.7%和17.4%，在所有年龄段群体中占比位列二、三位；6～19岁网民规模达1.58亿，占网民整体的15.6%；中老年群体网民规模增速最快，50岁及以上网民占比为28.1%，较2020年6月增长5.2个百分点。

2. 消费者媒体使用习惯

新媒体时代，消费者消费行为展现出以下三种趋势。

(1) 数字技术助推经济社会转型，网络消费行为增长迅速

以互联网为代表的数字技术正在加速与经济社会各领域深度融合，成为促进我国消费升级、经济社会转型及构建国家竞争新优势的重要推动力。网络购物市场消费升级特征进一步显现。一是品质消费，网民愿意为更高品质的商品支付更多溢价，如乐于购买有机生鲜、全球优质商品等；二是智能消费，智能冰箱、体感单车等商品网络消费规模大幅度增长；三是新商品消费，扫地机器人、洗碗机等新商品消费增长迅猛。除国民人均收入提升、年轻群体成为网络消费主力等因素外，电商企业渠道下沉，以及海外扩张带动了农村电商和跨境电商的快速发展，使农村网购消费潜力和网民对全球优质商品的消费需求得到进一步释放，从

而推动了消费升级。

(2) 移动互联网主导地位强化，移动消费行为成为未来发展主流

中国互联网络信息中心发布了第51次《中国互联网络发展状况统计报告》（以下简称《报告》）。《报告》显示，截至2022年12月，我国网民规模已达10.67亿，较2021年12月增长3549万，互联网普及率达75.6%。其中手机网民规模为10.65亿，网民中使用手机上网的比例为99.8%。借助移动互联网的发展，移动生活场景使用度不断加深，移动商业快速掩盖各类消费场景，移动互联网成为重要的消费渠道。《报告》显示，2022年我国移动购物总交易额达2.08万亿元。

(3) 线下支付拓展仍是热点，共享消费成为经济增长新方向

线下支付领域依旧是市场热点，越来越多的网民习惯在超市、便利店等线下实体店使用手机网上支付结算，网民中在线下购物时使用过手机网上支付结算的比例达到61.6%。在深耕国内市场的同时，我国网络支付企业纷纷拓展市场潜力巨大的海外市场。在线教育市场迅速发展，人工智能技术驱动产业升级；网约车市场经历资本驱动的急速扩张阶段，进入规范化发展道路；共享单车丰富市民出行方式，技术与资本推动行业蓬勃发展。

3. 消费者的购买行为模式的改变

媒介发展历程中，每一种大众媒介的兴起，都会对消费者的信息接收和处理方式产生巨大的影响。电视媒介出现后，图像信息成为信息的主要传播方式，受众开始习惯于浅层次的、感性的图像接收方式。图像信息会使受众的理性思考能力降低，主观认知加强。消费者做出购买决定时，不再依赖于客观事实，而是越来越依靠自身的主观认知。传统营销模式中，营销者认为，消费者从各种传播渠道中接触到的大量消费信息，经过选择性注意、选择性记忆和理性思考的过程，最终做出购买决定。

进入新媒体时代，消费者接触到越来越多的媒体和信息，同时因为新媒体的互动性特点，消费者对信息传播的过程也有了很高的参与能力

和参与要求。媒体市场的主动权，正在从信息生产者向信息接收者转移，技术的变革让消费者可以摆脱传统媒体的固定模式，在任何时候都可以从广播、电视、网络，以及手机等移动新媒体中去选择自己想要接收的信息。传统的打断式营销，信息接触的时机完全由营销者一手掌控。而现在，信息接触的时机由消费者掌控，消费者在自己需要的时候可以主动向提供产品或者服务的企业索要广告信息或者进行营销咨询。

第三节　新媒体环境下的企业营销策略

一、新媒体背景下的企业营销策略

（一）转变市场营销观念，主动占领市场

传统的市场营销模式中，企业往往使用传统媒体进行宣传推广，而且产品的可选择性不多，但由于市场竞争较小，企业没有销售危机。但随着信息时代的到来，企业的竞争也越来越激烈，消费者选择的机会也更多了，因此，企业通过新媒体掌握话语权的难度越来越大。在这样的前提下，企业要积极转变市场营销观念，变被动营销为主动出击，主动深入到消费者中，了解消费者的真实需求，按照市场需求提供不同类型的产品以满足不同消费者的需求，只有这样，才能跟上消费者的步伐，才能占领市场。

（二）拓展新媒体营销平台

从目前的新媒体使用情况看，主要可以从以下几个方面开展市场营销活动。

第一，通过网络开展市场营销。网络发展速度之快以及功能之强大是以前很难想象的。如今的网络正在潜移默化地改变着我们的生活。现在无论在工作方面还是在学习方面，网络都是我们的好助手、必备工具。通过网络进行市场营销活动的方式有很多，比如可以通过网站进行企业推广。在网络时代，网站推广可以说是一个企业开展网络市场营销的前沿阵地。企业通过门户网站开展产品信息发布和宣传，方便消费者通过网站及时了解到产品信息和营销活动，这种商品推销方式的针对性和实效性更强。再如，可以通过网络开展消费者需求调研工作，为企业市场营销和产品生产提供帮助。如今激烈的竞争让企业更加关注消费者的实际需求，企业生产不再以自身优势为基础，而是以消费者的需求为基础，网络调研活动为企业了解消费者的需求提供了平台。互联网的优势就在于便捷高效、没有地域限制。企业利用互联网的这些优势进行市场调研，既能节省费用，也能缩短调研周期，还能克服地域障碍。

第二，通过手机平台开展市场营销活动。新媒体的优势在手机上体现得更为强大。智能手机的普及让随时随地上网、聊天、购物成为现实，它使用方便快捷，简单易操作，营销效果较好。手机作为一个新的营销平台，在营销过程中可以针对目标客户实施销售；另外，由于手机可以及时获得信息，用户可以方便地与企业进行互动，参与热情比较高。

第三，通过移动电视及户外新媒体等形式开展市场营销。将网络与电视结合，可以让这一传统媒体显示出新的营销优势。网络电视的优点就是传播的内容具有强制性，消费者接受它的信息是没有选择性的，无论想不想看都得接受。另外，现在的户外媒体广告、车站地铁广告、电梯广告、滚动显示屏等都是很好的新媒体营销形式。

（三）把握新媒体发展趋势，创新营销模式

在新媒体时代，消费者的需求不再仅仅满足于商家提供的产品或服务，体验式消费成为消费者新的需求。体验式消费指的是商家使用网络技术，创设一个开放的、仿真的虚拟空间，提高参与者的间接体验，使参与者获取比直接体验更好的营销效果。另外，新媒体时代人们被信息覆盖，各类广告、垃圾短信让消费者十分反感。植入式广告可以巧妙地将产品融入故事情节中，只要设计合理，不仅不会使观众反感，还会提升品牌的形象。再者，随着市场产品越来越丰富，消费者的选择机会也越来越多，企业要想提高市场营销效果，就必须开展消费者需求分析，

在此基础上开展精准营销，从而提高营销的效果。

总之，受新媒体的影响，消费者的消费方式和消费观念都在发生巨大变化，企业要想在激烈的市场竞争中取得成功，就需要不断研究新媒体时代消费者的需求，转变传统的市场营销观念，把握新媒体市场营销的特点和发展趋势，掌握营销的主动权，只有这样才能为消费者提供精准的产品和服务，企业才能立于不败之地。

二、新媒体 4Cs 营销组合策略

美国营销专家罗伯特·劳特朋（Robert F. Lauterborn）提出了 4Cs 营销理论，他以消费者需求为导向，将市场营销组合的要素提炼为消费者（Customer）、成本（Cost）、便利（Convenience）和沟通（Communication）。4Cs 营销理论主要阐述了以下四个方面：

第一，瞄准消费者需求。企业进行产品研发和销售之前，要研究分析消费者需求，而不是先考虑企业的生产能力。

第二，消费者愿意支付的成本。企业做出定价策略之前，要先了解消费者愿意为之付出的成本，而不是仅考虑企业的生产成本。

第三，消费者的便利性。企业设计产品时应考虑到消费者在使用时是否方便。

第四，与消费者进行营销沟通。企业采取多种营销方式和营销手段，以消费者为中心进行营销沟通，通过沟通和互动，整合企业与消费者双方的利益。

新媒体平台的产生以及新媒体营销方式的产生，让消费者更容易成为营销的主体和核心。通过新媒体，企业开展多平台的营销互动，使一部分消费者可以通过新媒体平台影响另一部分消费者。只有这样的新媒体营销，才能将市场带入"用户为王""全民营销"的时代。

三、新媒体 4Rs 营销组合策略

4Rs 营销理论是由唐·舒尔茨（Don E. Schultz）提出的。他建议要从企业和顾客互动的角度设计营销活动。4Rs营销理论的四要素包括以下四个方面：

第一，关联（Relevancy），即建立、保持并发展企业与顾客之间的互助、互求、互需的关系，构建命运和利益的关联共同体。

第二，关系（Relation），即建立企业与顾客之间的长期关系，从一次交易向多次交易转变，从短期利益导向向长期利益导向转变，从顾客被动接受产品向顾客主动参与生产转变，从利益冲突的甲乙方向合作方转变，从交易管理向关系管理转变。

第三，反应（Response），即企业建立快速反应机制，站在顾客的角度，倾听顾客的诉求，并及时答复和迅速做出反应，减少顾客流失。

第四，回报（Return），即双方在营销活动中要合作共赢，优质的营销活动自然会有来自顾客的货币、信任、支持、声誉、忠诚等物质和精神的回报。

第四节　新媒体环境下的营销模式变革

为适应用户新需求以及便于营销推广，企业营销模式以客户需求为中心、新媒体技术为支撑，借助新媒体营销形式进行变革，主要体现在以下几方面。

一、利用大数据，由粗放营销转向精准营销

为改善粗放营销时期受众定位不准、盲目投入、成本高以及营销中间环节繁复而造成信息失真的困境，实现更精准的消费者需求定位，企业可借助精确的、可量化的大数据技术突破传统营销只能定性的局限，挖掘"碎片化"现象背后隐藏的商业价值。在新媒体平台上，消费者的信息（包括账户、年龄、消费量以及关系网）都可以被记录，而大数据技术则能够帮助企业挖掘和推理消费者的行为习惯、购物偏好、潜在需求以及心理特征，并按一定标准归类，从而使企业能安排合适的时间将

营销信息精准地推送给目标客户，达到新媒体时代精准的营销效果。

二、借助移动互联网技术，实现即时营销

新媒体传播的快捷迅速使大众接收信息更加及时，同时也使受众面对的信息量呈爆发式增长。那么如何创造有效的营销内容并快速地吸引住受众，实现即时营销，成为企业新媒体营销的重点研究内容。目前，国内外很多企业都在积极向移动互联网布局，开发功能成熟且具有特色的移动客户端，一方面利用客户端及时地向受众推广品牌和产品，发布最新的促销及打折信息，并通过社交频道即时、迅速地回应用户；另一方面与电子商务平台相对接，直接为用户搭建购买渠道，简化用户的购买流程，实现了信息服务和产品消费的无缝连接。

三、借力新媒体平台，变主动营销为互动营销

在新媒体之前，基于传统媒体单向传播的营销方式为硬性推广，而在新媒体环境下，受众的个性化需求增强，企业可借助新媒体平台与用户进行深度的交流沟通，了解客户需求，收集客户反馈信息和体验效果，使目标受众真正参与到品牌建设、产品研发和设计中来，让营销融于消费者的互动活动之中，融于口碑传播之中，实现客户链式反应增值。

第五节 新媒体环境下的营销模式创新

一、抛弃流量思维，开启内容互动时代

随着互联网的普及与应用，互联网用户的增速逐渐趋缓，增量市场即将终结，存量市场正在开启。这种现象表明，在用户有限增长的情况下，竞争者的数量会越来越多，线上广告所取得的营销效果将越来越差。

随着时代变革（电视时代—门户时代—搜索时代—社交时代—自媒体崛起时代），用户的注意力日渐分散。企业不仅难以抓住用户的眼球，获取用户的注意力，还难以抓住用户的心，获取用户的忠诚。

（一）从网络营销的成功来看流量思维

为了便于理解，我们可以将门户时代称为1.0时代，将搜索时代称为2.0时代，将社交时代称为3.0时代。在1.0时代，信息相对比较匮乏，关于"看什么"这个问题用户没有太多选择，处于被动接受状态。在这种情况下，广告所发挥出来的告知作用非常大。企业只要通过广告将某款产品的使用优势、价格优势告知用户，大多数用户就能接受这款产品。因此，在那个时代，企业或个人只需一个网站或者博客，导入一些备受大众喜爱的杂志内容或者小说，就能吸引众多用户的注意力。在有了一定的用户基础之后，网站或者博客就可以开始"卖广告"了。但是这种方法有一个很重要的前提，就是内容匮乏，用户获取内容困难。在信息爆炸，用户能轻易获取内容的今天，该方法已失去效用。

在2.0时代，用户借助互联网，使用关键词来搜索信息，用户掌握了信息主动权。面对这种情况，有人认为互联网广告进入了互动期，这种"互动"指的是人与机器之间的互动。

随着搜索的发展，互联网广告实现了快速增长，这种广告能对用户的购买行为进行精确定位，还能按点击付费。借助搜索营销所带来的红利，教育、医疗、旅游等产业实现了快速发展。

通过对早期网络营销的成功案例进行总结可以发现，从根本上来说，流量思维发挥作用的原因在于用户获取信息的方法有限，容易被各种媒体信息、产品信息所"绑架"。所以，早期的企业才能通过搜索营销获取用户的注意力，取得巨大的营销成果。

但随着移动互联网的发展，以及微博、微信等社交平台的广泛应用，用户不仅能获取更多的信息，还掌握了信息发布权。通过自媒体、公众号、直播秀等，用户可以随时随地创造属于他们自己的内容。在这种情况下，流量思维逐渐失去了效用，那些依附于搜索引擎而生的门户、个人站长、联盟逐渐被淘汰，互动营销、信任营销开始崭露头角。

（二）社交营销带来内容和互动的变革

在社交媒体时代，人们获取信息的方式发生了较大的改变，逐渐从门户网站、新闻 App 中脱离出来，开始从好友分享的文章中获取信息。过去，某人开通一个博客，想要邀请亲朋好友来访问助阵比较困难、麻烦。而现在的微信公众号弥补了这一缺陷，每个人都有机会吸引亲朋好友及陌生人的注意力，成为一个自媒体。

用户接收信息、发布信息的方式发生了改变，这使得媒体、企业正在逐渐失去用户的注意力。虽然用户对企业或者媒体的依赖正在逐渐减弱，但其对社交平台的依赖绝对不会消失。

过去，流量思维只关注四大指标，分别是曝光、点击、注册、购买，其与社交营销存在很大的不同。

首先，流量思维倾向于购买大流量位置，如门户首页，经常忽略门户的频道页；而社交营销则与此相反，相较于大 IP 来说，某细分领域的博主、某媒体的社区频道更能吸引他们的注意。

其次，流量思维关注的重点多在行动按钮和表单方面，内容塑造经常被忽略；而行动按钮与表单则不在社交营销的关注范围内，社交营销将主要精力放在了内容塑造方面，希望构建出能引发共鸣、形成互动的内容。

对流量思维与社交营销之间的区别进行更深入的挖掘可发现，流量思维的关注重点在"有多少用户看到了我"，而社交营销关注的重点为"有多少用户认可我"。

在早期的网络营销中，有很多企业凭借流量思维获取了成功，为什么在现今环境下"广而告之"的流量思维失效了呢？其根本原因在于，用户获取信息的能力增强了，获取信息的方式增多了，对网络广告的信任度减弱了。相较于广告推广的品牌而言，个性化的品牌、朋友分享的品牌更能吸引用户的注意力。传统广告逐渐失去用户的信任，那些在社交媒体参与互动的品牌所获取的信任却越来越高。所以，企业要优化使用社交媒体，借助有趣的内容与用户进行积极互动，以塑造高信任度和个性化的品牌。

由此可见，在流量思维失效的情况下，企业只有重视内容与互动才能获得成功。因为只有将内容与互动放在首位，企业才能重新获得用户信任，吸引用户注意力，让营销活动获得成功。

二、内容崛起，引爆社交圈的新型营销

（一）用户获取信息的方式发生重大转变

在互联网时代，用户主要通过搜索引擎来获取信息。企业为了进行营销推广，在搜索引擎中设置关键词，向平台方购买广告位，争取自己的营销内容有较高的曝光量，以便目标群体能够看到广告并点击链接，最终达成交易。在这种模式中，流量越高的平台收取的广告费就越高。虽然人们也能够在搜索引擎上"主动搜索"感兴趣的信息，但这些信息的呈现方式、页面布局、排列顺序等是由网站编辑决定的，哪些是广告，哪些是有价值的内容，普通人很难分辨出来。

在这种营销模式下，越来越多的商家发现，自己花费了大量资金购买广告位，但营销效果越来越差。电商从业者在这一方面的体会尤为深刻，不断下滑的转化率让他们感到手足无措。

进入移动互联网时代后，信息规模呈几何倍数增长，大量的信息同时呈现在用户面前。此时如果再让目标群体自己寻找营销内容，他们无疑需要付出极高的时间成本，从而造成用户体验下滑，很难让商家取得预期的营销效果。

而借助大数据、云计算等新一代信息技术，商家可以根据用户以前浏览的内容以及正在浏览的内容，分析用户下一阶段想要看到的内容，从而进行实时定制推广，在提升用户体验的同时，也能提高转化率。

（二）内容营销成为电商关注的重点

内容营销是通过文字、图片、音频、视频等载体向用户传达企业的品牌价值信息，提升产品销量。企业进行内容营销的主要渠道有微博、微信等自媒体平台，优酷、爱奇艺等视频网站，以及各大直播平台。

门户网站地位日渐衰落，能够让人们实时交互的社交媒体、视频网

站、直播平台等拥有了极高的话语权，而且这些平台中的大部分内容并非由平台方生产的，而是由用户主动上传、分享而来的。

以前为了做内容需要建设网站，招募网站编辑、维护人员等，而如今，只要有一部智能手机就可以成为内容生产者，内容生产成本大幅降低。在这种情况下，电商所采用的营销推广方式也发生了重大改变。商家购买广告位的营销模式已经很难再获取较高的用户转化率，通过优质内容进行推广营销的方式获得了商家的一致认可。

通过运用大数据技术，商家能够分析出目标群体感兴趣的信息，然后将自己的产品或者服务融入信息中向用户进行实时推广，不仅可以实现营销目的，还能给用户带来良好的阅读体验。需要注意的是，在内容消费需求不断升级的背景下，人们对硬性广告有着强烈的排斥心理，将商品与故事巧妙结合的软文广告比硬性推广的效果好得多。人们希望在消费时，商家能提供有营养、有价值的参考性建议，而不是单纯地为了推销自己的商品而以胁迫式的口吻让人们购买。

在决定购买的过程中，人们会通过各种渠道来了解相关信息，对比多个品牌的产品及服务，而能否掌握用户的真正需求，并在营销内容方面做出相应的调整，就显得十分关键。

以前人们在网购时，通常会打开淘宝、天猫、京东等电商平台，然后根据自己的需求对商品进行筛选，而电商平台也是基于这些分类方式对海量的商品进行划分，以便消费者能够快速找到符合他们需求的商品。在电商平台的排列位置越靠前，达成交易的机会也就越大。如今人们在微信、微博、贴吧、论坛等平台上看到其他用户推荐的商品后，可能就会直接点击链接或者扫描二维码在线下单。在搜索商品时，人们会按照风格对商品进行划分，如小清新、复古风等。这说明人们的需求心理已经发生变化，在购物过程中，会寻找那些符合自己调性的产品。所以，我们看到那些有着明确风格与调性的产品，很容易在激烈的市场竞争中成功突围，因为这类产品在营销过程中很容易引发有同类需求群体的情感共鸣，进而收获大批忠实粉丝。

第二章

新媒体营销的主要类型

第一节　微博营销

一、微博营销概述

（一）微博营销的概念

微博是微型博客（Micro-blog）的简称，它是一种基于用户关系信息分享、传播及获取的，通过关注机制分享简短实时信息的广播式的社交网络平台。用户可以通过 Web、Wap 等组建个人社区，以文字图片、视频等多媒体形式实现信息的即时分享。微博的关注机制分为单向、双向两种。微博作为一种分享和交流平台，其更注重时效性和随意性。

企业微博指的是基于微博平台，以企业或品牌身份注册与运营的官方微博。企业利用微博的高及时性、互动性、开放性等特点，在微博上发布与企业相关的信息，实现低成本的产品推介、用户关系管理、品牌传播、危机公关以及销售促进等目的。企业微博的粉丝是企业的潜在消费群体，粉丝的关注、评论和转发等可以使企业的宣传扩大影响。

微博营销是以微博平台为基础的营销活动，它具有社会化媒体营销的共性，同时又兼具微博的独特性。

（二）微博营销的特点

企业的微博营销是基于关系营销、内容营销、精准营销、整合营销理论的新媒体营销模式，具有许多传统营销所无法比拟的优势。

1. 门槛低

微博的字数限制在 140 字以内，内容短小、口语化，发布信息远比博客容易得多，同时微博内容的形式包括文字、图片、视频等，能从多维度、多角度展示营销对象。微博的申请非常简单，可以通过邮箱和手机号码进行申请，仅需两步就可以获得自己的微博账号。企业则需在此基础上将营业执照等相关证件扫描、上传，通过审核之后就可以获得加 V 的企业微博。

2. 多媒体

基于微博的营销活动可以借助多媒体的技术手段，以文字、图片、视频等形式对企业的产品和服务进行全方位的展示与描述。微博营销的多媒体特性让潜在用户更直观地感受营销信息，从而达到更高的信息到达率和阅读率。

3. 多平台

微博支持多平台登录，如电脑、手机、平板电脑等，能够保证用户方便快捷地发布信息。

4. 即时互动性

在微博上，企业可以第一时间将营销信息传递给目标用户，用户通过对营销信息的转发、评论、点赞等行为与企业进行沟通，从而实现营销信息的交互。如果企业有条件，还可以针对特定的潜在用户进行个性化反馈信息，这能让用户亲身感受到来自企业的人文关怀，进而对企业品牌产生良好的印象。在用户主导的时代，倾听用户的心声和需求是成功营销的前提。

5. 传播速度、见效快

微博营销离不开信息发布，微博的信息传播方式不是线性有序传播，而是无中心的开放式传播。企业在微博上发布的营销信息能够快速、及时地传递给大众，而微博庞大的用户群和人际关系网络，特别是微博的大V、名人的转发使这些营销信息的转发次数与评论数量得到几何倍数的增长。这样的营销方式可以在短期内获得最大的收益。

(三) 微博营销的理论基础

社交和媒体是微博的两大基本属性，这两大属性决定着企业利用微博做营销的运营重心。微博营销只有结合关系营销、内容营销、精准营销和整合营销，才能获得良好的营销效果。

1. 关系营销

关系营销是把营销活动看成一个企业与用户、供应商、分销商、竞争者、政府机构及其他公众发生互动作用的过程，其核心是建立和发展与这些公众的良好关系。简而言之，即吸引、维持和增强用户关系。社交、媒体、渠道和平台是微博的四大属性。微博是企业和用户进行交流沟通的平台，能够帮助企业有效维护用户关系，并且帮助企业进行市场调研与监控，有利于企业开展营销活动，维护用户忠诚度并挖掘新的用户。

2. 内容营销

内容营销指的是利用图片、文字、视频等介质传达有关企业的相关内容来给用户信息，促进销售，通过合理的内容创建、发布及传播，向用户传递有价值的信息，从而实现网络营销的目的。这些信息所依附的载体，可以是企业的商标、画册、网站、广告，甚至是纸杯、手提袋等，载体不同，传递的介质也不同，但是内容的核心必须是一致的。由于微博的用户量庞大，信息量也非常大，因此，开展微博营销首先就是吸引用户的注意力。新媒体时代是一个内容为王的时代，进行微博营销需要通过各种方式结合多媒体将信息传递给用户，高质量的营销内容能够有效吸引粉丝并留住粉丝。同时，企业进行微博营销时还需要注重内容的原创性，结合粉丝互动，塑造品牌形象。

3. 精准营销

精准营销就是在精准定位的基础上，依托现代信息技术手段建立个性化的用户沟通服务体系，实现企业可度量的低成本扩张之路。这是有态度的网络营销理念中的核心观点之一。在大数据时代背景下，企业可以利用大数据对自己的目标受众进行精准定位，如年龄、性别、地域、兴趣等多个方面，然后通过微博信息流精准投放广告，如此就可在保证用户体验的同时，有效实现精准营销。

4. 整合营销

整合营销是一种对各种营销工具和手段进行系统化结合，根据环境进行即时性的动态修正，以使交换双方在交互中实现价值增值的营销理念与方法。整合就是把各个独立营销综合成一个整体，以产生协同效应。这些独立的营销工作包括广告、直接营销、销售促进、人员推销、包装、事件、赞助和用户服务等。企业开展营销活动不能把微博作为唯一的营销工具，而是需要与电视、报纸、微信等其他营销方法相融合，充分发挥它们的特长，如此才能使营销效果更好。

二、微博营销的优势

随着微博商业化进程的加快，微博的商业价值、品牌传播价值、营销价值也水涨船高，微博为企业和品牌提供了全新的、精准的、碎片化的传播渠道，为企业和品牌特别是电子商务企业的自主品牌传播和广告营销活动的开展提供了新的契机。

（一）营销费用低

微博是免费的平台，企业在微博上发布产品信息无需支付任何费用。此外，传播内容的制作费用较低。微博作为受众碎片化阅读信息的工具，为了提高受众的阅读率、提升传播效果，将文本限制在140字内，操作简单，信息发布便捷。在微博上的传播针对性极强，关注企业或者产品的粉丝都是本产品的用户或潜在用户，有利于企业一对一实现精准营销。

（二）社会化营销的有力武器

微博具有开放性、互动性、分享性，为病毒营销、事件营销、话题营销传播等一些社会化传播形态提供了温床。企业可通过开展社会化营销活动，让公众自发转发，从而拓宽营销传播的广度。加之微博舆论领袖——各类大V用户对信息迅速扩散的推波助澜及微博用户自身的二级传播，企业微博的品牌信息能够在短时间内在微博世界中大规模扩散。因此，微博是企业开展社会化传播的最优媒体。

（三）品牌个性塑造的有效途径

微博巧妙地融入用户生活圈，用用户的语言、语调、词汇、句式等与用户平等沟通，具有浓厚的个人色彩。借助微博的这一特性，企业可以将品牌官方微博打造成品牌拟人化的发声、交流平台，通过独特的内容、语言风格，人性化的互动沟通等方式向用户展示品牌鲜明的个性，使用户将品牌视作一个具有鲜明个性的人。企业微博的长期运营，可使目标用户建立对企业的品牌、产品、服务、理念的特定认知。企业通过微博与用户保持良好的双向交流，能够影响和改变用户对品牌的固有认知，不仅有利于塑造品牌形象，也有利于培养与提升"粉丝"对企业品牌的忠诚度。

（四）维护用户关系的绝佳平台

随着电商时代的到来，网络营销模式颠覆了传统营销模式，越来越多的企业意识到用户在营销中的重要作用。用户是企业创造价值的重要伙伴，因此，企业应当重视与用户的互动。微博是企业维护用户关系的绝佳平台。以微博为代表的新媒体改变了企业与用户沟通的方式，使营销行为由单向传播变成双向沟通。用户从中得到了尊重、自由和满足；企业从中可以实现与目标用户群的个性化沟通，从而准确把握用户的行为特征和消费心理，同时，还能在双向沟通过程中监测、塑造、改善、强化用户关系。

三、微博营销的策略

在当下注意力经济时代，企业微博营销是传统营销模式的有益补充。为契合新形势，企业利用微博进行营销需要围绕企业总体营销策略来进行。

（一）定位策略

定位是进行微博营销的第一步。企业只有做好定位才能根据目标群体的特性运用微博进行营销，从而达到宣传企业产品、树立品牌形象、进行危机管理、发掘潜在用户的目的。企业可通过制造一系列的热点话题，围绕本企业的产品或品牌的特性来制定适合目标群体的营销策略。

1. 确定微博的定位，做好内容、话题的营销主线

微博是当前企业开展社会化营销活动常用的手段之一。然而，当前新媒体竞争日益激烈，尤其微信对微博的冲击最大，不少企业转移营

阵地，放弃了微博运营，这是不正确的。与微信相比，微博是一个更加开放的平台，相比微信的私密传播，微博的曝光率更高，其传播速度更快、辐射范围更广；并且，微博更加具有媒体属性，更适合企业推广品牌、维护公共关系、维护用户关系。微信用户偏向于移动端，而微博兼顾电脑端和移动端，企业微博的电脑端是企业的微官网，更适合成为展示企业形象的平台。

微博顺应互联网潮流，从策略创意、媒介应用、技术支持、效果转化等多个角度开辟移动营销新路径，为企业找到绝佳的品牌营销解决方案提供借鉴与指导，其营销价值正随着移动热潮渐入佳境。

2. 整合营销工具，有效联动其他平台

企业的微博不应是一个单独的个体，而应与企业整体的营销渠道进行配合，形成互利互补关系，从而达到最佳的营销效果。微博作为新兴媒体，与报纸、广播、电视等传统媒体有着一定的区别。传统媒体更具权威性，而新媒体的门槛低、互动性强，更加具有即时性，并拥有更丰富的媒体形式。把微博作为企业整合营销中的重要一环，可为企业营销增添巨大价值。不仅其他平台可以引流量到微博，企业的微博也可以作为引流量的工具，将流量引到其他平台，切实发挥营销矩阵的作用。

(二) 管理策略

为发挥出微博营销的最大力量，企业应从以下几方面着手。

1. 培养营销专业团队

新媒体营销竞争非常激烈，一个专业的微博营销人才应该具备流量思维和用户思维，文字水平突出，会处理图片、视频等素材，会活动策划，还要会用户管理。但并不严格要求每个微博营销人员都要具备以上才能。一个企业可以组建起一个新媒体营销团队，团队内部设置文案、设计、视频制作、用户管理、活动策划、公关、数据分析等职位，人员分工合作，优势互补。

2. 建立微博子账号，承担不同角色

企业的产品线很多，可以根据不同的产品线、不同的功能定位开设不同子账户，最大限度地利用企业内部资源，向受众展示不同的企业品牌形象，多账号协作，做到和受众零距离接触。但这也不意味着企业必须开很多微博账号以适应不同的受众，账号的开设必须在运营人员的能力范围内，结合公司的实际需求进行开设。另外，企业领导人要有微博营销意识，鼓励员工开设认证的微博，并在微博上积极宣传企业形象，打造企业的无形资产。企业可根据实际需求建立公司账号、员工账号、子品牌账号、职能型账号、区域性账号等，各个账号分工明确，各司其职，统一口径，共同建立起完整的企业形象。

3. 关注行业媒体、意见领袖和竞争对手

企业在微博上关注行业媒体微博可以把握行业信息，关注行业意见领袖可以丰富行业知识，关注竞争对手，可以实时了解对手的最新消息，取其精华、去其糟粕，吸取对手的成功经验以帮助自身开展营销活动。同时，企业在微博上关注时事热点可以获得最新热点消息，掌握最新潮流趋势，有利于紧跟热点结合自身定位制造话题营销及事件营销，使企业微博成为生动有活力的官微。

（三）内容策略

首先，内容营销是基于双向沟通的，而不是企业单方面的。企业需要抓住用户的心理，制定出有针对性的营销策略。企业必须考虑用户喜欢什么、想要什么，从而设计出与品牌有贴近性的营销活动，通过有内容、有意思、有深度的营销活动与用户建立起情感联系。人们虽然排斥广告，但都喜欢听故事，企业可以将企业的理念、创意以故事的形式表达出来，与用户形成情感共鸣。其次，语言风格要统一，紧跟潮流热点。最后，内容形式需要不断创新。

（四）时间策略

人们上网时间呈碎片化，这就需要企业根据自身目标消费群体的作息时间来安排微博的发布时间，以便最大限度地抓住用户的注意力，成功引起他们的兴趣。

第二节　微信营销

一、微信营销的概念与特点

（一）微信营销的概念

微信营销是企业或个人营销模式的一种，是伴随微信的火热而兴起的一种网络营销方式。微信不存在距离的限制，用户注册微信后，可与周围同样注册的"朋友"形成一种联系，订阅自己所需的信息；商家通过提供用户需要的信息，推广自己的产品，从而实现点对点的营销。

（二）微信营销的特点

作为一种新兴的营销方式，微信营销颇受企业和个人青睐。相对于其他营销方式而言，微信营销具有如下特点。

1. 成本低廉

一般而言，传统的电视、报纸、广播、电话及互联网等营销方式都需要企业投入大量的资金，而目前，微信的所有功能均免费，企业基于微信展开的微信营销活动仅需支付流量费用，相比传统营销活动费用大幅减少。

2. 信息到达率高

手机短信和电子邮件的群发越来越受到用户的抵制，容易被用户屏蔽，而微信公众号是用户自主关注的，其发送的信息都能被用户接收到。

3. 即时性强

基于移动互联网的发展和移动设备的便利性，用户可以在第一时间接收并反馈信息，这为企业进行微信营销奠定了基础。

4. 互动性强

从某种意义上来说，微信的出现解决了企业在管理用户关系上的难题。当用户想把对产品或进店服务的体验及个人的建议告知企业时,企业微信公众号就能为其提供平台。只要用户一发送信息,微信客服就能即时接收,并做出相应回复和解释。企业与用户通过微信能够实现良好互动,这有利于企业维护用户关系,进而提升营销效果。

5. 针对性强

微信营销属于"许可式"营销,用户只有在主动关注某个企业微信公众号之后,才会接收到它们的信息,而愿意关注企业微信公众号的用户往往都是企业的目标人群,因此这种营销方式针对性较强。

二、微信营销的方式

根据不同的功能可以将微信营销分为以下几种方式。

(一)通过 LBS 定位功能进行营销

LBS(Location Based Services,基于位置服务)是通过电信、移动运营商的无线电通信网络或外部定位方式获取移动终端用户的位置信息,在地理信息系统平台的支持下,为用户提供相应服务的一种增值业务。商家可以免费利用"附近的人""摇一摇"功能,了解商家附近的潜在用户,精准投放促销信息。位置上的便利能够吸引用户入店消费,这种方式为许多无法支付大规模广告宣传的小店家提供了有效的营销渠道。特别是通过"摇一摇"功能可以搜索到 1 千米以内的用户,许多商家曾通过该功能与用户进行良好的互动。

微信朋友圈是用户分享自己生活状态的地方,同时也是商家营销的地方。微信针对本地商户推出一项新功能——自定义打点辐射,帮助本地商家进行营销,即在门店所在城市任意选择某个地点为圆心,将广告投放到半径 0.5~5 千米的圆形区域内的微信用户中。相对于之前根据指定商圈投放的定向方式,自定义打点辐射可以帮助广告主高效笼络自定义区域内的潜在用户。这就是说,本地商家既可以根据自身店铺的营运能力,精确地将广告投放给店铺周边的潜在用户,也可以摆脱地理距离的限制,根据自身对潜在用户的了解,将广告投放到全城任意一个潜在用户众多的地点。

(二) 通过扫描二维码功能进行营销

二维码是近几年来移动设备上流行的一种编码方式，它是按一定规律在平面（二维方向）上分布的黑白相间的记录数据符号信息的图形，具有信息容量大、编码范围广、容错能力强、译码可靠性高、可引入加密措施、成本低、易制作、持久耐用等优点。二维码是微信用来连接线上线下的方式。商家将自己的公众号二维码放在商店，用户通过扫描二维码成为商家会员，商家就可以对用户进行精准营销。例如，用户到达一家餐饮店，用微信的"扫一扫"功能扫描二维码，就可以了解商店的菜单，并可随时把下单的菜品传递到服务台或厨房，不需要服务员现场点单，同时可以获得今日优惠信息，如 VIP 折扣券、代金券等，系统将自动计算应付金额。用餐完后，用户可以通过手机对菜品和服务进行评价，系统将自动积分。

(三) 通过朋友圈进行营销

朋友圈营销最主要的形式是用户通过将商家的信息分享到朋友圈来获得一定优惠。商家利用用户的朋友圈将商品或者企业的信息传递给更多人，以取得滚雪球式的营销效果。

(四) 微信公众平台营销

微信公众号是商家为了向用户展示企业形象、服务、信息而推出的。微信公众号需要用户的自主订阅，因此，商家可以精准化地向用户进行营销，达到更好的营销效果。

企业微信账号一般的营销方式为推送营销，也就是当用户关注了该微信公众号后，该公众号就会在一定的时间推送相关内容，如文章、活动、游戏等，用户可以根据自己的需要阅读或参与。这种方式有助于企业与用户建立亲密且深入的互动关系，维护、提升企业的形象。

企业公众号还有另外一种营销方式是客服式营销，即将微信与用户服务系统相结合，满足用户在售前、售中、售后的服务需求，将微信打造成客服平台。

第三章

广告设计基本理论

第一节 广告设计的理论知识

一、广告设计中的心理学应用

(一) 广告心理学概述

广告心理学是指通过心理学的概念和法则来掌握消费者的心理特点，使产品在消费者中达到更好的广告传播效果，进而通过广告媒体实现产品的销售。广告心理学的应用主要是对品牌形象与特征、品牌利益、受众认知程度、品牌情感关系建立、引发购买倾向选择进行研究，进而对品牌态度与受众购买倾向有一定的了解，在此基础之上对广告设计与传播产生一定的参考价值。总之，广告心理学是一门应用性强的学科，在广告设计与传播中发挥着重要作用，对广告设计的效果提升有很大帮助。

1. 广告心理学原理应用

(1) 性感吸引注意

在广告设计中运用性感吸引注意原理主要利用了广告心理学中思维的联想规律和需求理论。基于心理学的视角，消费者产生购买某一产品欲望的原因在于消费者的消费需求。广告设计要想吸引消费者的注意力，获得消费者的喜爱，就必须重视思维联想规律和需求理论在广告设计中的应用，只有这样才能使得广告设计的传播效果足够好。因此，在现代广告设计中巧妙且正确地运用性感吸引注意原理进行广告创意，不仅可以让广告准确对接消费者的需求缺口，还能使消费者产生消费联想，进而引发消费者的购买欲望。

(2) 画面激发兴趣特色

与性感吸引注意原理相比，画面激发兴趣特色原理同样具有较强的应用性，广告设计者可以通过广告设计来激发消费者的兴趣，使消费者产生强烈的购买欲望。不过，广告设计中用画面激发兴趣特色原理来进行广告创意,需要做好以下几项工作。首先,要对产品特色分析以及产品销售所针对的消费群体的兴趣爱好进行调查。其次,在做好调查工作的基础上,合理运用画面激发兴趣特色原理来进行广告设计,才能使广告创意准确地把握到消费者的兴趣,设计出可以激发消费者兴趣的广告,进而使得消费者在兴趣的刺激下产生强烈的购买欲望。

(3) 诱发联想与欲望

广告创意中恰当、巧妙运用诱发联想与欲望原理来把握消费者的心理,呈现出有情感的创意广告,可以使消费者产生联想,进而对产品产生购买欲望。

(4) 满足情感需要

在广告设计中利用满足情感需求原理,就是通过把握消费者的情感诉求来刺激其购买欲望。广告设计中利用一个简单的渴望来进行创意设计,就可使消费者在观看广告的同时,寻找到情感寄托,满足情感诉求,进而对广告中的产品产生一种强烈的需求心理。所以,在现代快节奏生活中将广告心理学的满足情感需要原理应用到广告设计中,具有较高的现实意义。

2. 应用广告心理学原理的注意事项

(1) 广告内容需要冲击性

这里的冲击性是指广告内容给观众带来的冲击感,这种冲击感可以是情感、感官、视觉、记忆等多方面的。只有给人巨大的冲击感,才能使得自身广告从众多纷乱繁杂的广告中脱颖而出,吸引更多人的注意力,使其产生强烈的购买欲望。

(2) 广告内容要具有情感诱惑力

广告市场竞争激烈,观众的吸引力和注意力是广告设计必争之地。要想设计出新颖独特的广告,广告设计者就要注意提升广告内容的情感诱惑力。也就是说,广告内容可以引发消费者的内在情感,使消费者在观看广告的同时,与广告所要传达的情感产生共鸣,进而使消费者产生购买产品的欲望。总之,提升广告内容的情感诱惑力对广告设计来说非常重要。

（二）广告设计中受众心理学应用

1. 受众接受广告的欲求特征

从广告心理学角度出发，有关受众的心理欲求研究，可以用一个词——"需要"来概括。需要是基于一定情境，有机体对客观事物的欲求，是人类行为活动的基础，是人们心理活动和行为运动的原始动机。通常，需要具有以下特点：①需要就是存在于有机体内部的一种不平衡以及缺乏的状态，它反映某种客观的要求和必要性，是个人活动的源泉。②人的需要是一种循环往复的过程，其表现为"需要—满足—新的需要—满足"，无穷尽地循环下去。所以需要是人类发展的内因。③人的需要并不是一开始就一直明晰化的。需要也分为现实需要和潜在需要，在许多情况下，人的需要是处于一种笼统的、朦胧的状态，也即说许多人最初并不清楚自己有何需要。这时，广告能成为人们产生某种需要的催化剂，这就像是在干旱的夏天往高空的云里喷洒了化学药剂，可以从云里挤出雨来。广告作为一个诱因，可以唤醒消费者对自身潜在需要的意识，进而触发消费者的消费行为。

除上述特点外，需要还有变迁性。宏观层面而言，人类需要的内容、水平以及满足这些需要的途径都会受到社会经济发展的制约，所以时代性也是需要具备的；而随着季节时令的变化，人们的需要也因之而变，所以需要也具有时令性特征。微观层面而言，不同层次的需求之间也会相互转化。所以，要根据需要的相互转化特征不断更新广告内容，才能达到满足不同时期消费者需求的目的。例如，传统的冰箱广告更多地注重宣传冰箱的制冷和冰冻功能，然而随着时代变迁，人民生活水平有了极大提高，人们对冰箱的功能提出了更加多元化的要求，所以在这种多元化要求之下，如今的冰箱就着重于开发冰箱的新功能，而广告宣传上也更加强化冰箱产品的新功能，比如将保鲜、抗菌、无氟等功能作为冰箱广告传播的新的诉求点。

关于受众的心理欲求研究还会涉及一个概念——"动机"。动机是确保生活主题趋向一定目标的内在动因。动机隐藏于行为背后，是行为的内在动因。对某人某物的需要是动机产生的基础，需要在最初可能只是潜伏状态，只有明确的需要才能激发和引导机体活动，成为推动机体活动的内在动力，最终实现需要向动机的转化。动机是一种被机体意识到了的需要。动机具有以下特征：

第一，动机是一种内在驱动力，在此"力"的作用下主体会向着一定的目标行动。例如，在炎热的夏季一个人会向着阴凉的地方走，这就是炎热导致的。

第二，作为内在驱动力，动机是心理活动中呈现的一种心理力。动机能够激发主体主动采取某一个行动或抑制某一行动的心理冲动。需要只有表现在意识中，才会以动机的面貌出现，才会起到内驱力的作用。例如，新生儿会因为饥饿而大哭，但是这时新生儿还没有真正脱离生物人，没有真正意义上人的心理，不具备动机之说。

第三，人的动机存在无意识的成分。就如，人会自动躲避迎面而来的汽车，这就是一种无意识状态下的行为动机在起作用。一般情况下，人的无意识状态下的行为并不常有，隐藏得较深，且无法理解。人的无意识活动和意识活动在相反相对的同时，却又相辅相成。

研究受众心理欲求，对于促进广告设计的实施，具有一定的借鉴意义。在了解广告受众的消费需要之上，可以据此制订出相应的广告设计方案，还可以运用广告创意手段激发消费者潜在的消费需要。

除了上述的需要与动机，受众欲求涉及的另外一个心理学概念即激励，它是指持续激发人的动机的心理过程。激励是"向别人提供积极性或以积极性影响别人"。由此观之，调动人的积极性是激励的目的所在，这就意味着要激发一个人行动的内心深处的欲望。激励通过人们的需要或动机来逐渐强化、引导并改变某种行为，是一种具有明确的目的性和持续反复性的过程。鉴于经济管理活动中激励具有重要的地位与价值，所以激励自20世纪20年代就已经引起了人们的注意，并且由于众多学者广泛的探索与研究，已经形成了较为丰富的理论体系。广告传播中常用的激励手段，主要指依据人的需要持续激发内在动机的心理过程，使人在某种内外结合的刺激之下，维持兴奋状态，促使人实现某一行为的心理过程。广告宣传就是要运用各种手段，激发消费者的需求，实现潜在需求向现实需求的转化，运用激励的相关原理，达到某种激励效果。因此，研究广告受众心理欲求，对广告设计的理论与实践有着极大的现实意义。

综上所述，无论是"需求"，还是"动机"，或是"激励"，都是对广告受众心理特征的描述，论述其的意义在于探究造成广告受众产生购买欲求的内在动因。

2. 受众接受广告信息的感知特征

认知、注意、联想、记忆等心理活动就是受众购买商品时的一般心理过程。企业为使自己的商品在受众的眼前一亮，就要充分发挥商业广告的认知、诱导、便利、教育和促销等的心理功能，使这些心理功能与受众接受广告信息的心理活动串联起来，就必须重视对受众接受信息的心理活动规律与特点的研究，增强广告的表现力、吸引力、感染力和诱导力。现代广告学指出，广告受众的感知过程大致分为五个阶段：刺激—感觉—情感—知觉—记忆。

（1）刺激阶段

刺激是引起受众注意的广告作品中的物理信息。广告作品中的图形、文字、色彩、声音、人物等都能够形成刺激，成为受众关注的焦点。

（2）感觉阶段

这一阶段主要指广告刺激人的五官所接收到的信息。任何信息进入人的大脑首先要经过感知的过滤。感知过滤分为生理过滤和心理过滤。其中，生理过滤是指视觉、听觉、触觉、味觉和嗅觉等感官可以接收到的刺激的物理范围和强度，进而对信息进行筛选。

（3）情感阶段

这一阶段就是受众基于自己的主观情感标准来对广告信息进行评价

和筛选。心理过滤就是根据已感知的信息进行有意识筛选。先天的因素（如个性、人类的本能）和后天的因素（如自我感觉、兴趣、态度、信念、以往的经验和生活方式）都是心理过滤的基础，其中包括对广告信息的评价。在此阶段中，受众主要是通过有意识地选择获取广告信息。

(4) 知觉阶段

这一阶段就是基于接收到的广告信息，对广告信息进行加工处理，在人的大脑中形成有意义的和连贯的现实印象。一般而言，广告信息的加工处理，就是一个知觉的选择性理解的过程。

(5) 记忆阶段

人的记忆活动是一种选择性过程，受众只会选取对自己有利的、有价值的、符合自己需要与兴趣的信息，转而忽略那些对自己无利且无意义的信息。

3. 受众接受广告信息的情感特征

通常人们根据外界事物对自己需要的满足程度，会有几种不同的主观性体验。如果某一事物能够满足人的需要或是愿望，就能引起积极和肯定的情感体验；相反，如果未能满足人的需要，甚至于违背人的愿望，就会引起否定的，甚至于消极的情感体验。满足需要的情感表现为满意、欢喜、喜爱、愉悦等，而未能满足需要的情感表现为悲伤、愤怒、厌恶甚至是恐惧等。当然如果外界事物未能让人有所记忆，不符合人的需要，相对于人而言没有任何意义，受众就不会产生情感体验。所以，情感是主体对客观事物是否能满足自身需要而产生的一种心理活动，一种内心体验。

受众者对展现在自己面前的广告通常会有两种情感反应，不是否定这则广告会给自己带来一定价值，就是肯定这则广告对自己的意义。情感因素对广告的影响通常表现为以下三种情况。

(1) 情感影响受众的认知反应

如果广告设计者想要通过广告诱发的情感与受众自己所现有的情感体验相似，甚至是一致时，其广告传播效果就会越好，人们对广告的记忆也会越深刻。

（2）情感影响受众对品牌的选择

广告设计者可以通过经典条件反射将受众的情感与某一特定的商品标识产生关联，从而影响受众对待该商品的态度，促使该品牌成为受众的首选。

（3）情感影响受众对商品的态度

受众通过广告产生的情感可以影响到受众对该广告所展现的商品的态度。在好感度的基础上，购买产品后，情感还会转化为使用该商品的情感体验。受众会不由自主地将自己的情感靠向广告所展现的情感氛围中，让受众产生使用该商品的积极情感，在广告与使用经验双重作用之下，广告所产生的认同感就有可能变为受众的真实体验。

综上所述，广告设计者在设计广告时，必须考虑人与人之间、人与环境之间的相互关系。不仅要从商品本身出发，还要考虑个人经验、文化氛围对受众认知过程的影响因素，需要全面了解受众可能产生的内心情感体验，才能有效地指导广告设计，产生意想不到的传播效果。快节奏生活的消费时代，受众的接受心理多元化特征明显，而且由于科学技术的飞速发展，产品的更新速度也越来越快，所以，有必要对广告受众的接受心理做更深层次的研究。这不仅对于广告设计有很大的帮助，更有利于对消费者心理的研究，促进经济的更好发展。

（三）广告主在广告设计中的心理学应用

1. 广告主和受众的博弈关系

广告主是指在广告活动中发布广告来促销或传播自己产品和服务的卖家，是广告行业营销广告的支撑者。只要在商业活动中存在使用宣传手段来促销其产品或服务行为的人都可统称为广告主。广告主与媒介是甲方与乙方关系，广告主将自己的产品或服务的内容告诉媒介，其中包括广告主想要达到的广告效果，媒介在了解广告主的诉求后，为其制订相应的宣传与策划方案，为广告主推介宣传其产品或是服务，广告主根据其媒介宣传的效果付给媒介一定的费用。

传统的产品中心说时代，广告主只是想通过广告来宣传和推销其产品或服务，很大程度上会忽视消费者（广告受众）的感受与需求。传统媒介环境下，传播模式单向缺少受众反馈，广告主占据主导地位，而且拥有绝对话语权，而受众没有足够的话语权与发言权，绝大部分时间在众多的广告之中扮演着单纯的看客。区别于当下的互动传播模式，传统传播环境中的广告主和广告受众之间沟通较少，甚至没有沟通，广告主只会采用拓展传播渠道，增加广告播放时间和重复率来加大宣传力度，增加广告覆盖率，媒介宣传的渠道单一。由于技术受限，传播理念落后，受众面对纷繁复杂的广告，除了被动接受，别无选择。这种状况之下，受众的自我需求受到抑制，因此就会产生广告主与广告受众二元对立关系，无法协调发展。

传统传播环境之下，广告主的强势地位使得受众只能游走在由各个广告主所建造的广告围墙之中，无法站出来表达自己的需要。广告主希望通过自己的广告传递给受众更多的产品信息，吸引更多的目标受众，挖掘更多的潜在受众；而广告受众则希望通过对比各种广告信息，筛选出符合自己兴趣爱好的广告产品，但是因为传统媒介广告的狂轰滥炸，受众自主选择的空间被缩小，重复的广告不断给受众洗脑，很大程度上扰乱了受众的理性消费，受众难以找到适合自己的商品。

随着新媒体时代的到来，传播模式也变为多向互动性的，每一个人都可以成为集传播者与受众于一身的角色，受众已经不再单纯地扮演看客的角色，而且新媒体时代下信息传播的及时性非常强，所以受众可以及时将自己的意愿与需求反馈给广告主。新媒体时代下的广告主虽然还在通过各种广告来推销自己的产品或服务，但他们意识到了在新的传播环境下，必须注重用户体验，以用户为中心才能求得生存与发展，也就是要转变以往的产品中心说，关注广告受众，从受众的角度出发，重视受众的诉求表达，在广告设计中增加更多的与受众有关的情感因素。新媒体时代下，广告设计的基础就是把握潜在顾客群的心理状态，从传播受众角度出发，由外在向内心传递一种信息，尤其是情感信息。广告主想借助自我转变的契机来获取更多的目标受众，进而获取更多的利润；反观广告受众，则是希望通过广告信息寻求自我的认知，定位被广告主重视的程度，在广告主新的广告理念之下，找到符合自己需要的产品。广告活动是一种传播过程，而且是互动的动态传播过程，是广告主与受众在广告信息市场进行的虚拟互动。这一动态过程会随着双方需求的改变而改变，广告主与广告受众两者之间是相互制约、相辅相成，互利共生的。所以说，两者之间是一种博弈关系。

2. 广告主与广告受众的"共赢"

"纳什均衡"是博弈论中的一种神奇的现象，是指博弈双方都达到一种"占优策略"的目的，同理，在广告活动中，广告主与广告受众二者之间的博弈也会达到这一状态。由于新媒体时代带来的新的传播环境，双方的博弈最终会到达"双赢"的均衡点，这种合作状态是一种"动态均衡"，是要经过广告主与广告受众长期磨合才能定型的。广告应当得到人们充分的认可和尊重，而并非给予人们的一种施舍；是寻求对话而非独白的；是能引发回应但不是刻意安排的。它谈的是共同利益的最高点。在新媒体环境下，以用户为中心的人本理论（整合营销传播）引导下，弥补了传统媒介下的广告主与受众博弈的缺陷。两者之间的对抗性正在消退，相反合作的趋势愈加明显。新媒体的影响之下，新的传播环境强调传播过程的互动性与即时性，网络时代的广告主与受众可以进行及时的交流互动，这不仅有利于广告主收集受众的反馈信息，明确产品改良的方向，增加产品的销售量，也有利于受众获得更加全面且及时的商品信息，从而在购买商品时可以做出更加合理的选择。上述这一过程为博弈双方的有效互动奠定了基础，让双方的合作更加顺利，这种情况是对双方达到一个共赢状态非常有利的。当然这一切都是建立在新媒体时代的互动传播模式之上，广告主的主动加上受众的主动才会形成一个有效互动、合作共赢的局面。

（四）广告设计者的心理学应用策略

广告设计者的心理学应用策略实质就是一种说服策略的应用，说服本质在于沟通，借助有效的信息诉求以期改变消费者头脑中某种已经存在的认知，促使新的认知的形成，并通过新的认知来改变人们的行为或促使人们新的行为的产生。成功的广告设计者一定善于了解受众需求，而一个好的广告也是基于与受众的沟通与说服过程的。广告心理学认为，广告沟通离不开广告四要素，即信息源、信息、媒体和接受者。广告设计者通过设计出能够引起受众各种心理反应的广告作品，进而影响到受众的品牌选择和购买意向，加之恰当的营销方案就能促成受众的购买行为，实现广告目的。

1. 发挥记忆的作用

受众在接收广告信息的过程中，是通过几种记忆的共同作用来接收、储存并提取广告信息的。由于广告信息的刺激程度不一，以及个体的身心特征不同，导致每个人对广告的记忆程度与内容也是千差万别。记忆的个体差异不仅表现在消费者不同的购买行为中，也反映在消费者对广告信息接收内容的不同效果之中。所以，在记忆原理及其个性差异的基础之上，有必要在广告宣传中采取一定的措施，有效地发挥记忆在影响受众接收广告信息中的作用，这样不仅能加强受众接收、储存和提取有关广告的信息，还能刺激受众之前经验痕迹的复活，促进受众的购买欲望的产生。加强消费者对广告信息的记忆，可以从以下几个方面着手。

（1）合理减少广告识记材料

减少广告识记材料的途径有两种：一是识记材料的绝对减少；二是识记材料的相对减少。识记材料的绝对减少，就是减少广告识记材料的绝对量；识记材料的相对减少，就是在不可压缩的识记材料中，根据记忆心理学原理进行分块整理，增强广告内容的逻辑性，使广告内容更容易被理解性记忆，这也就等于相对减少了所需记忆的材料。所以，在设计广告时，设计者应该尽量将广告词设计得简洁有力、朗朗上口，减轻受众的记忆负担。

（2）发挥形象记忆的优势

在人的记忆存储中，语言信息量与图像信息量的比例是 1∶1000。由此看来，广告在设计上可以充分发挥形象记忆的优势，用图说话，增强广告趣味性，让受众眼前一亮，过目不忘。

（3）设计醒目的标识

这种策略就是为广告产品设计一个鲜明的标记，凸显广告的个性，便于受众的记忆与回忆。这种醒目的标识就是为了在受众回忆所接收到的广告时，能够为受众的记忆过程的识记、再认、回忆或追忆提供线索，从而有利于记忆过程的顺利完成。广告活动中的这一手段，与形象记忆密切相关。

（4）恰当的广告重复，强化受众记忆

广告的适度重复播放可以在很大程度上增强广告给人的记忆。

（5）增强受众对广告内容的理解性记忆

理解一种信息后更容易记忆。意义记忆是一种很重要的记忆方式，理解广告内容是记住广告内容的重要基础。

（6）合理设计广告排版

平面广告设计中需要合理地设计广告各个位置的信息，视频广告还要合理地安排画面与声音的出现时间，以及在什么时间点播放广告，详略得当的广告，更容易突出重点，将重点记忆材料放在合理的位置更容易让受众印象深刻。记忆就是人脑对广告信息进行筛选和储存。基于上述考虑，要尽量使记忆的编码过程能顺利进行，并使广告所介绍的信息，处在记忆编码的重要位置。

2. 以情动人

广告之所以能够给人美的享受，主要就是广告的语言和画面组合在一起，不仅是赏心悦目，更重要的是诱发了人一种向往美好生活的积极情感。受众观看广告后产生的积极情感体验有利于催生消费者的购买欲望，进而转化为消费者的购买行为。所以优秀的广告设计，从画面、声音、色彩、内容、形式、结构等各方面，都会尽量迎合受众的喜好，通过给人愉快的情感体验，唤醒潜在受众的观看欲望，以唤起人们心底的对此广告的积极情感，让消费者对广告中的产品心生好感，从内心接纳该产品。

情感是人对客观事物是否符合自身需要、愿望和观点而产生的一种心理体验。一般来说，广告情感体验通常涉及亲情、友情、爱国情怀等。

3. 标新立异

人人都有猎奇心理，广告设计中可以利用这一心理来设计标新立异的广告，引起受众注意。而且新媒体时代下，人们的好奇心理更加强烈。如何在繁杂的广告之中脱颖而出，标新立异成为关键。要想使广告标新立异，应做到以下几点。

（1）广告内容标新立异

广告设计者要学会选择不同于其他企业广告作品的内容，将之作为广告创意与策划的主题，这就从根本上突出了广告的特色。

（2）广告人物标新立异

广告形象代言人的选择也很重要，人物选择上不仅要看知名度，还要看人物形象的个性是否鲜明，强烈的人物个性也会让广告产品具有个性。

（3）广告语标新立异

广告语的设计上不仅要符合逻辑，还要突出特点，简单易记，用特别的语言风格来增强广告的影响力。

（4）情节标新立异

在设计广告情节时，要敢于打破常规，最好能够给受众出人意料的感觉，用意想不到的情节留住受众的心。

二、广告设计中的视觉研究

随着互联网技术的快速发展，新媒体时代的广告设计势必要以一种不同于以往的视觉设计理念呈现在受众面前，因此在经济利益考虑之下，具有独特艺术性和欣赏性的广告已然成为一种趋势。

（一）广告设计中视觉研究的必要性

广告设计者在设计广告时要考虑到不同的媒介会对人们产生不同的传播效果，人们对各种媒介的感知程度也不一样，知觉所产生的效果不同。因此，视觉传达中要充分发挥各种媒介的优势。另外由于受众对广告中的刺激物的反应也不尽相同，注意人们的不同知觉对刺激物的反应特点，才能够使人们充分了解广告的主要诉求信息。不同的知觉感官系统都有它的局限性以及感知范围，人们只能对某一范围的刺激做出有效反应，例如，广告画面的切换速度、广告声音的频率与大小、色彩的明暗度、符号形象的典型与共鸣等这些都需要正确把握，否则就有可能直接或间接影响广告传播的效果。所以广告设计者要充分注意不同人群知觉的适应能力及范围，遵循客观的自然生理规律和社会心理特征，才能使广告设计具有科学性，也才能有益于广告传播目的的实现。新媒体时代，每天都有海量信息在交互传播，广告受众由于自身所处的时空有限，只能接受一定量的信息，且只有极少数能够真正被记忆，所以广告设计者学习掌握知觉的一般知识，对做好广告设计工作意义重大。

(二) 视觉设计原则

1. 明确目标主题鲜明

广告不应该被视为一种艺术形式的表现，广告唯一正当的功能就是销售，品牌做广告是为了销售产品。广告的最终目的是激发受众的购买欲望，促使受众产生购买行为。所有广告都要通过影响受众心理，来激发受众或引发受众的购买行为。广告的视觉设计表达中要明确主题，其中运用到的各种符号要素都应该遵循一定的视觉心理规律，尽可能让不同地域和文化背景的受众群体都可以接受广告的内容，并认同广告所要传达的理念，并从不同角度满足受众需求。基于此，广告的视觉设计不仅要简单精准，还要多元包容，在体现艺术性的同时，精准对接受众需求。成熟的广告设计者在广告设计开始，就会明确广告的主题、广告的投放对象、广告所要达到的目标。在新媒体时代，交互性传播模式改变了传统传播模式中受众的被动地位，受众不再是单纯的接受者，受众拥有更多的选择权，可以参与到信息制作与传播过程中。自由选择信息的情况之下，受众成了内容的生产者。

2. 形式与内容和谐统一

内容是构成设计的一切内在要素的总和，是设计存在的基础；形式是内容构成要素的外在表现，是作用于人的感官的外部力量。内容需要借助形式来表达自己的思想内涵。设计的内容包括主题、形象、题材等要素，形式主要指它的表现方式包括结构、风格或设计语言等。内容对形式起决定作用，而反过来形式又反作用于内容。内容证明形式的表达，形式展示内容的存在。广告作品的内容不能脱离形式独立存在，而形式也不能只有一个架子脱离实质性的内容。广告设计必须是形式与内容的和谐统一。一方面，广告设计追求形式美的同时，还要切合主题，因为切题是广告设计的前提。而另一方面，要营造一个符合设计目的的视觉环境，才能对突出主题有所帮助，从而增强受众对广告的注意力，增进受众对广告内容的理解。因此，只有广告的形式与内容有机统一起来，才能实现最佳的传播效果。此外，各种广告都有优劣，广告设计者要考虑到各种媒介的受限因素，在有限的条件中将优势充分发挥出来，设计出引人注目的广告。只有在统观全局的基础上，才能保证形式与内容的和谐统一，设计出极具审美效果的广告。广告的设计旨在设计出一个完美的表现形式，将广告产品和理念合理安排在其中，给受众以美的感受，引导受众朝着广告设计的预期目标发展，即产生购买广告产品的行为。由此可见，广告视觉设计中必须注重形式与内容的和谐统一。

3. 统一与变化相结合

每一则广告都要强调其整体性，和谐统一的有机整体更容易让人接受与记忆，更何况是视觉表达上的应用。统一和谐的广告会让受众更清晰明了地认识到广告的内容，而且和谐统一本身就是一种美感。但只有统一也是不够的，动静结合更为恰当，所以统一中也要有所变化。在新媒体时代，多媒介融合发展已是一种趋势。一则广告要想给人视觉上的刺激，就要充分调动其广告中各部分之间的相互关系，让各部分都动起来。统一与变化是矛盾的统一体，统一与变化意味着部分与部分、部分与整体的关系在视觉上的统一，统一占据主导位置。变化也并不是无序的，而是在统一中进行。整体性也可作为一则广告的独特风格。广告画面由诸多要素构成，根据视觉规律，设计者能够涵盖点线面，设计出复杂的造型、图案及动作、展示亮丽的色彩，达到较高质感等有组织的外观轮廓。格式塔心理学指出，在知觉活动中的"整体性"特征是人对于任何事物的认知活动，它并不取决于对象感觉要素的各个特征，而是取决于感觉要素的整体性特征。简言之就是整体的实力大于部分的总和。所以，整体是不可分割的，整体是由各个部分共同构成的。广告的每一部分都有自己的视觉特征，如果要想产生更佳的视觉效果，就必须让各部分形成一定的关系，形成一个有机整体，让每一部分的变化都能为整体视觉效果的呈现增加亮点。

4. 恰当对比与调和

做好广告设计的重要工作之一就是版面设计，其中各种要素的比例要形成恰当的对比，内容上应相辅相成。在广告设计中充分发挥比例的协调作用能够让广告更加和谐，给人以美的感受。通过对比各个视觉元素之间的强弱度，通过形状大小、色彩明暗的对比以及感情的变化将受众的注意力集中到广告上，可以取得更佳的广告视觉效果。如果一则广告缺少对比的视觉设计，则会显得单调且无趣，难以给人视觉上的冲击，更不会产生引人注目的视觉效果。有对比就会有突出，广告中要凸显产品的优越性就必然会用到对比这一手法。调和实际上是一种过渡过程，是对广告中的各种对比因素做一种柔和处理，完成不同对比因素之间的逐步过渡，让各种对比因素呈现在广告之中相互之间不至于太过于冲突，让对比之中又显得那么柔和不扎眼。对比与调和相辅相成，就如一对矛盾统一体。对比让广告更加凸显个性，让人印象深刻，不至于流于平淡，而调和则避免了广告各种要素之间的生硬与杂乱。

5. 视觉流程和最佳视域

新媒体时代的广告设计，要学会巧妙地运用视觉流程和最佳视域，自然流畅的视觉导向会将广告信息准确且有效地传递给受众。所以在广告的设计中，视觉导向极为重要。视觉设计极具创造性，在常规范围内的创造更是一种考验。当然任何广告设计的创造过程都要基于信息的传递，在符合人的常规思维的基础之上，又要突出个性，做到视觉流程的合理且畅快。合理视觉流程，能够使广告的各种信息在广告画面中得体布局，不同要素之间的位置、出现的时间、大小比例具有一定的节奏之美。在同一平面上，上半部分会让人产生轻松感，而下半部分则会让人产生压抑之感。不仅如此，同一平面的左右两部分也会给人不同的感受。同一平面的左半部分可能会让人轻松自在，而右半部分则会让人压抑。因此，在平面广告设计中，上方的视觉效果大于下方，左半部分强于右半部分。所以，平面的上半部分和中上部分就被定义为了"最佳视域"，也就是视觉设计最优选位置。在广告设计中的关键信息，诸如广告的标题、每天更新的内容等一般都会呈现在"最佳视域"之中。当然并不适用于所有的人和情境，它毕竟也是实验结果，受到各种条件的限制。在现实生活中，要灵活掌握视觉流程的安排，从受众的心理和行为习惯出发，寻求最佳视觉效果。通常情况下，人们的视线会从左到右，从上到下移动，在掌握这一视线移动规律后，可以巧妙地安排广告要素的位置，引导受众观看广告。视觉流程并不是一成不变的，而是视具体情况而定，关键在于设计者对各种视觉信息的合理安排，设计出一个合理的视觉流程。人在看到水平线之时，视线会横向移动，产生平静之感。而在看到垂直线时，视线就会上下移动，产生坚定的感觉。

（三）错视现象

知觉印象会在一定知觉条件下保持稳定，这种特性对于人维持正常生活必不可少。但是在限制性的知觉条件下，人们也会由于主观原因产生错误的视觉判断，也就是说人们不能通过视觉正确地反映外在客观事物，出现错视现象。例如，在屋子的墙壁上挂一面大镜子会显得整个屋子敞亮些，穿竖条纹的衣服会拉长一个人的身高，等等，这些都属于视觉上的错视现象。这种错视现象虽然妨碍了人们正确的视觉认知，但是从积极的方面来看，它可以为广告设计者所用，达到某种神奇的视觉效果。

1. 大小与长短方面

第一，缪勒莱耶错视（也称箭形错觉），就是指在两条等长直线线段的两端，分别添加两条向外、向内的短斜线，就会使得两条等长线段看起来有长短上的变化。

第二，潘佐错视（也称铁轨错觉），就是在两条聚合的线段中间添加两条等长的直线线段，这样在视觉上所添加的两条线段长短会发生变化。

第三，贾斯特罗错视，就是将两条等长直线线段组合为一个"T"字形状，给人视觉上的感受就是垂直线段比水平线段看上去更长。

第四，多尔波也夫错视，就是将两个面积相等的圆分别放入比这两个圆更大的但是两个大小不一的圆形中，其视觉效果就是，较大圆形中的圆比较小圆形中的圆反而小了，这就是一种错视。

2. 形状方面

第一，佐尔格错视，就是在原本平行的一组直线中添加几条不平行的直线，这样一来，原本平行的直线就会给人一种不平行的感觉。

第二，冯特错视，就是在平行线段上添加放射状的线段，让原本平行的线段造成视觉上的不平行。

第三，爱因斯坦错视，就是将一个正方形放在很多环形曲线之中，正方形的四边也会在视觉中略显弯曲。

第四，波根多夫错视，就是用两条长短不一但是平行的线段切断一条直线，这条被切断的直线各部分看起来像是不在同一直线上。

在广告视觉设计时，设计者就会利用各种错视现象的原理创造出吸引人眼球的广告形象，从而加深受众对广告的印象。通常，人们会运用错视原理在平面设计上将二维几何图形经过色彩搭配或是比例分割制造出一个三维形体，达到良好的视觉效果。而且在广告设计的配色中对不同的色块进行交叉处理，形成一种视觉混色，可以制造出一种视觉上的"第三种色块"等。虽然符合常规的正确理解是广告所必需的，但是广告的个性特征要求则需要视觉上的变化来打动受众。新媒体时代的广告主要以视觉传达为主，在整个视觉传达过程中，由于各种主客观因素都会造成广告视觉脱离原本的设计初衷，造成受众对广告接受障碍。所以，广告设计者要在对受众的视觉生理以及心理活动特征有所了解的基础上进行视觉设计，以确保受众能够正确理解广告视觉信息。

(四) 新媒体时代的广告视觉设计

新媒体时代的广告视觉设计，不仅要具备传统媒体环境下的二维以及三维的静态化视觉表现手段，还要具备四维的动态视觉表达手法，而且这已经成为新媒体时代中广告视觉设计的一种特征。新的媒介环境中，广告设计者会采用影视剧中的某些表达手段，如铺垫、并列以及蒙太奇等镜头语言，并且借助媒介融合将各种语言文字、影像声音串联在一起成为一个新颖独特的广告。

网络电子杂志就是在新的媒介环境催生出来的一种新型的广告表现手法。这种电子杂志用一种视觉表现手法讲述一个完整的故事情节，并以此来展现一个广告产品。虽然网络电子杂志排版设计与纸质杂志相似，但是新媒体时代的电子杂志可以融合各种声音、图像、视频等多种元素，带给受众全新的视觉体验。

实际生活中，由于广告受众的经济、文化背景不同，也会产生不同的审美观念，但是对于某一国家的受众来说，审美观念还是有比较统一的标准的，对于美与丑、善与恶的价值界定也有较为相通的共识。虽然新媒体时代下信息的传播交互性极强，但是受众接收到了并不一定就要接受其中的文化理念与价值观念，广告也必须符合受众的审美与价值观才能获得较好的传播效果。所以，在井然的秩序之中使得整体与部分完美呈现，在奇思妙想之中又不失大众口味，才能保证一则广告既不落俗又不曲高和寡。广告设计者必须明白，一则好的广告不仅是一种品牌形象，也是一种视觉文化，在视觉中彰显深厚的人文底蕴，有助于广告视觉效果的提升。

第二节　广告设计要素

一、文字要素

文字是传达信息常用的表达方式，也是人们沟通交流的必要工具。文字的发展与演变体现的是人类思想的发展与进步，在一定程度上文字代表了人类文化的精华。文字在任何时候都是一种不过时的表达手段，在现代广告设计中，文字是必不可少的要素。

文字在广告中承担的不仅是信息载体的职能，还能承担广告信息中主体元素的职能。这一主体元素在广告中代表的不仅是商品本身的特性，还代表着某种文化内涵。文字本身在结构上就具有象形效果，在结构和变化上很独特，所以有些广告设计会在文字上大做文章，用纯文字来展现别样的视觉效果。在广告设计中利用文字可以变化成某一图形的优势，着重于文字视觉形象的打造，图形化的文字可以带给人艺术美感。广告设计中可以对文字进行夸张变形，字体的色彩、大小均可以图案化处理，加深文字给人的想象力，这样的广告设计既直截了当，又形象生动。文字表达本身就是一个从抽象思维到具象理论的过程，何况汉语言文字可以表形的同时还能达意，完成自抽象到具象，自形而意的双向转化。文字的变化可以从变形、添加装饰、丰富寓意等方面着手，当然这要考验设计者的想象力。所以单纯的文字效果并不能满足新媒体时代的广告设计要求，用文字创新设计才是关键。

（一）广告中的文字分类

广告作品中的文字具有传达广告信息、塑造企业形象的功能，它可以限定广告的内涵。广告中的文字主要表现在标题、产品名称、公司名和人物语言中。虽然新媒体时代更加注重视觉上的人物形体语言表达，但标题文字仍然是关键，它有统领整个广告的功能，决定受众是否会继续观看某一广告。文字标题分为主标题和副标题，从表述内容上看，有直接性标题、间接性标题和综合性标题。现代广告标题的语气没有限制，陈述、疑问都可以，共同的目的就是个性鲜明引人注意。标题要符合受众的语言使用习惯，尽量简洁有力，且易于记忆。平面广告中的标题一般都是粗线条的，醒目的简体字或是大写的英文。

广告正文是用来阐述和证明广告标题或广告图片的，要对广告内容进行更为详细的说明。根据不同的媒介环境和受众群，可以有多种表现形式，一般有解释性正文、幽默性正文（适于对做过广告的产品赋予新内容）、对话性正文、证书性正文（明星或名人的意见、专业人士的认证、领导人题词）、叙述性正文。正文中的字体一般来说设置为黑体、宋体、楷体等常见字体，但是由于新的媒介环境下人们更加注重娱乐化信息的传播，所以广告的字体也可以不必那么中规中矩，也可以设计成歪斜字体来引起年轻受众注意。

广告语是广告厂商制定的专属于自己产品的特定用语，这种特定的广告语如果持久宣传，反复出现，会使受众形成一种较为稳定的产品或是企业概念，使得企业形象相对稳固。企业的纲领、方针或是宗旨都可以成为广告语的内容，当然广告设计者也可以针对某一产品的特征与功能来设计广告语。一则广告中广告语是其中的灵魂所在，广告中的人物和音乐可以变，但是广告语却不会变，所以广告语有时候不再是一种产品的特征，反而成为一种流行语，流传开来。所以广告语要具有一定的延展性，外延广泛了，受众的想象空间也就大了。

品牌名称必须涵盖于广告语之中。每一种产品都会有很多种不同的品牌，每一个品牌就是一个产品的名称，品牌的存在就是为了区别于其他产品而存在。通常一个品牌为了区别于其他品牌，会有自己的专属标识，给受众一个统一的视觉形象，便于记忆，提高品牌的认知度。

企业名称以及相关的通信文字是一种确认厂家真实存在的信息。这些通信文字包括公司的地址、电话、传真、邮编、E-mail、网址等，完整且有效的企业信息足以加深受众对广告的信任度。

(二) 文字审美法则

虽然新媒体时代的广告文字不再是长篇形式，但是字体的选择与排版仍然很重要。文字的审美研究经过了漫长的人类发展史。中国文字从甲骨文开始，发展出各种字体，直到现在的简体文字，而且现在的简体文字也已经经过了科学技术的加工，出现了各种网络文字，文字形态的演变极为丰富多彩。传播媒介的变化无疑是引发了文字形态变化的重要原因。从文字设计看，笔形结构和图形化是文字变化的主要方面。文字的基础是笔形结构，文字笔形是文字骨血之所在，它体现了文字的基本和精神。图形化是文字的装饰，通过图形化将文字的优美与华丽展示出来，形成独特的广告品质，实现精神和产品实物的和谐统一。

1. 统一整体风格

任何广告画面中的文字都要有一个整体的风格特点，构成整个广告的个性特征，独特的气质与风格是文字审美的重要原则。统一的外部形态和基本笔画是文字美感与和谐的基础，只有这样文字的意义才会被准确表达出来。文字统一的整体风格可以表现在诸多方面，例如笔画、结构、字形、空间位置、方向、色彩、材料肌理和表现技巧等。

2. 把握笔画形态的审美

要准确把握笔画形态的审美，才能抓住受众的注意力。鲜明、准确、精致的笔画形态可以让广告作品更加富有活力与品质。笔画的形态设计上应该注意每一笔都是简洁、饱满、精干的，凸显生命的张力与韧性。

各个部首以及笔画构成了美丽的汉语言文字，每一个广告文字中都应该有生命的律动，横、竖、撇、勾、捺、点等每一笔画都是一个音符，这样组成的广告也才会呈现出一种韵律美和节奏感。横的平静、舒展与坦然，竖的力量与坚定挺拔，都代表着力量与生命；而撇与捺则是一对反方向的结构，自有一种流畅与洒脱；勾的转折而尽，有动有停；点则即止。笔形的处理使得同样的笔画有千变万化的风格。新媒体时代的广告作品也需要文字的多样化处理，彰显中国汉字的美。

不同于汉字的复杂构造，拉丁文字造型简洁，具有较强的可塑性，经过排列组合产生的文字造型轮廓简单大方，具有现代简约美感，也易于广告向国外推广。拉丁文字虽然数量不多，但是可以通过变换大小写以及线条的粗细与色彩形成别具一格的韵味美。

文字笔画与风格的多姿多彩，能够给文字增加一种旋律与乐感，书写风格的变幻万千更会让人产生非同一般的视觉体验。超越单纯符号意义而存在的文字，在审美上具有无限想象空间，使得文字成为广告设计中的重要因素。

(三) 文字创意方法

1. 文字变形

文字变形是进行广告创意的常用手段。字体之间的风格不尽相同，有的字体苍劲有力，有的字体端庄秀雅，有的字体清新飘逸，因此，在文字变形时要根据文字的意义与内涵选择合适的变形。这种根据文字特点来进行的变形被称为字形图形。虽然字形图形千变万化，但是总能有据可依，有理可循。例如，在某些文字变形时，在其基本结构保持不变的基础之上，只要将其部分结构进行夸张或是缩小，甚至是删减，就会产生神奇的视觉效果。此外，还可以对字体的结构进行几何化处理，几何化后的字体图形造型简约时尚，较为适合科技类广告。在广告设计中还可以对文字的部分结构变形，体现出一种形式美。但是群组的字体要根据整体的文字走向来变形，以此来保持文字的整体协调统一。在文字设计中还可以发挥点线面结合的优势来烘托文字内涵，借助视觉错觉原理使人产生全新的视觉感受。

2. 笔画连用与共用

字体的笔画可以连用与共用，广告设计恰可以运用这一点来创造新的亮点。设计者可以从文字笔画的位置、形态与走向等的特征出发，不拘泥于原有的文字结构，巧妙地选择可以连用的节点，将不同笔画连接在一起，加之以夸张的笔画布局，使文字之间保持一个相对较均衡的状态，但又不失美感。在处理文字时，也可以将文字抽象化，将文字归纳为一个个抽象符号并对其进行合理的排序，传达一种合理严谨的逻辑思维。这是一种以文字本身为广告图形的表达手段，笔画连用下的文字更具线条美感，增强了文字的视觉形象。文字的笔画与部首的有无，也可以进行灵活的处理，直观展现广告文字的内涵。在对文字进行笔画连用与共用的过程中，必须对广告中所有的文字有深刻的理解，以使文字变形效果不影响文字内涵的表现，合理的结合才能使受众信服。任何笔画的连用与共用都要在理解字义的基础之上，设计者需要在一定的可识别的范围内，塑造每个文字的视觉形象。

3. 装饰图形

根据字体的结构特征可以添加装饰图形来烘托一定的文字视觉效果。我们可以对文字进行装饰性的修改与添加，要根据整个广告的情境，对文字做一种表象上的装饰性处理。也可以借助于联想将图画嫁接在广告文字中，给文字的整体或是局部加上一些装饰性图形，让文字具象化。例如，可以通过给文字添加一定的背景。在广告的文字之外的背景中可以大做文章，从层面衬托文字的特征与美感，其中包括运用合理的色彩搭配来填充背景色，或者选择合理的背景图案以及线条和纹理等，以此来与文字共同形成一种视觉上的美好氛围。当然也可以在原有的文字笔画与基本结构的基础之上，增加各种图形装饰达到锦上添花的视觉效果。许多设计者喜欢将文字元素进行装饰化处理，使文字效果极具装饰性，这样虽然吸引了观众的注意力，实际上却让装饰分散了受众的注意力，使受众无法准确接收到广告文字所要传达的信息，不能凸显出广告作品的特征，反而让整体特征失去感染力。

4. 丰富文字寓意

丰富文字寓意就是将文字的意义加以突出，配合整体广告视觉强化广告主题内容。这也是一种将抽象化为具象的手法。在图形的处理上，文字笔画的结构和空间位置上都要进行巧妙的设计，以此来达到一种视觉传播的效果。在现代设计思想的影响之下，文字的意图可以通过"形似"来传达，进而又可以将具体的"形"抽象为具体的思想——"意"，传神的表达就在于它会赋予视觉某种心理上的意义。文字的寓意不仅要掌握文字的原意，还要设计者发挥想象，运用各种平面构成手法来充分挖掘字体的内外表现力，在文字的原有结构之下散发出图文并茂的视觉之美。

文字在广告中承担了传播信息、说服对象和加深记忆的职能。文字本身具有的文化底蕴使得文字可以代表不同的形象与情感特征，并以此来展现另类的艺术魅力。学会恰当运用文字来表现广告内容，可以提升广告的视觉传达效果，达到吸引受众的目的。新媒体时代，广告的设计与传播仍然离不开文字，所以广告设计者要重视文字的运用在广告中的作用。文字不仅仅是广告文案上的单纯信息符号，更是一种图形化的语言形式，在广告中占据着中心位置。对文字的创意设计事实上是对人类文化精华的一种发展与传承，所以要重视对文字表形达意功能的开发。如果能对广告文字进行有创意的设计，带给文字更多的生命力，让文字生动起来，就一定会加深其对受众的印象。

(四)文字在广告中的作用

1. 说明、传递信息的作用

从文字诞生本身的意义来说,它是人类发展到仅靠语言已无法满足保留、传递信息的需要时逐渐产生和发展的。故文字存在的第一重要的作用就是明白、准确地说明、传递和保留信息。在平面广告设计中,文字的作用首先就是向公众说明广告所要传达的信息,包括广告的主题以及商家的有关信息等。

2. 吸引、导向的作用

一则构思巧妙的广告标题或广告语能令人记忆深刻、久久不忘。这时文字在其中的作用已不再只是为了让公众记住一些很直白的信息,还要让公众从简洁易记、朗朗上口的句子中去感受、品味广告的深意、内涵、意趣等,引导公众按照设计师的思路去思考、感受,并最终达到吸引公众注意、引导公众知觉和行为的目的。这是文字在其基本功能之上的一个延伸,是能体现设计师匠心独运的地方。

3. 图形符号的作用

从概念上来看,所有具有一定形状的平面物体都可以称之为图形,文字本身就具备这种特征。用以表示其他事物或信息的东西,可理解为符号,文字也有这种特质。所以,对文字作用的理解,不能只囿于其所承担的最直接的任务。当它以一种图形图像、视觉符号的面貌出现在设计中时,设计的思路、方向、创意将得到更好的体现和拓展。例如,通过精心的文字编排和文字拆装,将文字融入图形之中,使之成为整个图形设计的一部分,这样,文字既能完成说明、传递信息的任务,又可起到整体优化设计、增强视觉效果、引导视线流向等作用。理解文字的图形与符号作用,可使文字在设计中具有更强的创造力和灵活性。

(五)广告中字体设计的基本原则

1. 服务内容

广告中文字的字体应与其内容相适应,并力求体现广告的特性。例如,刚劲有力的字体适宜宣传重工业产品,纤细优美的字体适宜宣传轻工业产品；再如，秀丽的字体适宜宣传化妆品，稚嫩的字体适宜宣传儿童用品等。

2. 易于辨识

文字是用来传达思想的，如果字形难以辨识，就会失去其应有的功能。因此，设计字体时不但要考虑其艺术性，还使其便于大众阅读，不能把字体设计得过于复杂，以致难以辨认。此外，在汉字的设计中，要使用规范的简体字，防止出现错别字。

3. 赋予其个性

根据广告主题的要求，极力突出文字设计的个性色彩，创造与众不同的、独具特色的字体，给人以别开生面的视觉感受，将有利于企业和产品良好形象的建立。在设计时要避免与已有的一些设计作品的字体相同或相似，更不能有意模仿或抄袭。在设计特定字体时，一定要对字的形态特征与组合编排进行探究，不断修改，反复琢磨，这样才能创造富有个性的字体。

4. 和谐美观

在字体的选择和设计上既要注意美观，又要注意整体的和谐，从而给大众带来美的感受。每一件广告作品都有独特的风格。在这个前提下，一个作品版面上的各种不同字体的组合，一定要具有符合整个作品的风格倾向，形成总体的情调和感情倾向，不能各种文字自成一种风格，各行其是。因此在正确选择字体的基础上，有时也需要对主要文字进行"图形化"，即对文字笔画进行合理的变形搭配，强调字体本身的结构美和笔画美。

此外，文字在画面上的位置会直接影响整体效果。因此，要处理好文字与文字之间的位置关系、文字与图形之间的位置关系。

二、色彩要素

色彩作为广告的基本要素之一，也承担着表达图片内容的功能。人对不同的色彩会有不同的反应，色彩对个人产生的心理影响不容小觑。

如，明亮、鲜艳的色彩总能引起受众注意，而低沉、灰暗的色彩会使人感到压抑。各种广告都会运用不同的色彩搭配来突出自己的广告主题。新媒体时代的广告较多使用多种色彩进行搭配设计，以求能给受众造成较大的视觉冲击力。

（一）色彩情感

实践证明，受众看到的色彩不同，其产生的反应与联想也不同。要激发受众的购买欲望，在广告设计中就必须遵循一定的色彩情感规律，正确运用色彩搭配来准确表达广告内容，体现产品特征，在吸引受众的同时引发人们的购买行为。

1. 兴奋感

暖色调中的红、橙、黄与其他色调相比，色彩冲击强度较大，能够给人留下更为深刻的印象，也能够调动人的兴奋感，有助于人们对广告的持续关注。而以蓝、绿为代表的冷色调相对于其他色调虽然视觉冲击力没有暖色调强烈，但是也正是这种冷色调能够提高广告的科学性，因为有研究表明蓝色、绿色更容易让人冷静下来思考，这对体现广告的科学性非常有益。

2. 明快感

亮色和暖色以及其他对比度较强的色彩能塑造一种愉快的氛围，让人产生良好的心情，给人明快的感觉。所以很多绿茶的广告背景就以绿色为主，切题的同时又能让人心情愉快。广告设计者如果能够将这些色彩合理地搭配起来，就能够让受众在心情愉悦中记住广告信息，肯定产品的健康性质。

3. 档次感

档次感实际上就是一种品质差别感。在日常生活中，不同的色调给人的品质感觉是不一样的，这就是档次感。高档消费品的广告色调一般选用金色或是红色，而经典黑白色则较多运用在普通的实用性较强的广告之中。商场中的高档化妆品、名牌服饰、珠宝首饰、汽车广告等多会将色调设计得对比较为鲜明，色彩饱和度也会较高，设计者这样设计就是要突出广告产品的华丽视觉效果，给受众一种高端大气上档次的品质享受。

4. 冷暖感

冷暖色调对比多会用于食品广告之中，因为食品的颜色多是暖色调的，所以食品广告中也多会采用暖色调来展现食品的特征。以孩子为受众群体的广告也会采用暖色调来吸引受众，因为孩子作为弱势群体是需要温暖与呵护的。相对而言，冰箱、空调、洗衣机等广告多会运用到蓝、白等冷色调，以此来表现产品的干净卫生，满足消费者对产品的期许。

（二）色彩应用

一则成功的广告能够在一瞬间抓住受众的眼球，成功引起受众的注意力。广告设计者将不同色彩进行组合之后，促使受众内心产生影响，进行一系列的心理联想与想象，并最终引发其购买行为的产生。所以在广告设计过程中就必须充分发挥色彩心理学的作用。

1. 色彩对比

色彩对比运用得当就自然会增强广告的视觉吸引力。对比色与补色的反差对比运用得当可形成巨大的视觉冲击力，运用在海报设计中就会收到很好的视觉效果，获得更多的受众关注度。还有黄色和蓝色的强烈对比，红色与绿色的补色关系都可以应用到色彩对比之中。

2. 色彩吸引力

良好的广告视觉效果重要表现因素之一就在于色彩的吸引力。两种不同的色彩同时出现在人们面前时，必然会有对比产生，因为它们在光学结构和色彩饱和度上会有直观的区别。广告设计者可以通过改变色彩的饱和度、色彩明度以及色相来让受众产生视觉差别，而广告画面的改变也是这样转化的。视频广告中的色彩变换较多，相对于平面广告，更能给人视觉冲击感，动起来的色彩更让人印象深刻。

3. 符合产品的属性

色彩的选择上还要符合广告产品的属性，才会使得整个广告合理且和谐。基于颜色的基本寓意，人们对何种产品选用何种颜色都有一种约定俗成的规定。在不同的地域，每种产品都有自己的专属颜色，就如，炸鸡的广告一定以金黄色为主。所以在广告设计之前，设计者要充分了解广告投放区的文化背景，在充分掌握产品属性的基础之上，运用合理的色彩设计，增强产品广告的视觉效果。广告产品的属性对颜色的依赖性很强，在设计广告时要注意产品属性与广告色彩的契合度是否够高。

4．关键环节

为了更好地掌握受众心理，达到更好的广告视觉效果，还要把握以下关键环节。

首先，明确广告视觉元素应该呈现什么。简言之就是要明确广告的侧重点，因为广告产品不同，要突出的个性特征也不尽相同，所以还要有针对性地进行广告的色彩设计。例如，食品方面要突出美味与营养，家电要突出实用与方便等。因此，广告设计者要根据不同的产品特点选用合适的色彩搭配，让受众可以直接领会到产品的定位。

其次，在树立企业形象时，要选择符合自身定位的形象颜色。就如提到中国，人们会想到红色一般，要将企业的理念植入到企业视觉识别系统中，这种色彩才会成为一个企业的标志性特色，进而提高受众对企业的品牌识别力，从而提高消费者对企业品牌的识别能力。这种关乎企业整体色彩形象的选择必须慎重，否则会影响到企业在受众心中的整体形象。

再次，在进行广告设计时，还要注意不同民族与国家的风俗习惯，广告投放目的地的色彩使用习惯。在不同的地域文化背景之下，人们对色彩的理解也不尽相同，所以要在了解当地文化背景的基础上进行广告色彩的设计。受众接受广告的前提就是获得尊重，其中包括尊重受众的信仰与自由，切不可使用禁忌颜色，让人心生反感。尊重广告投放地的文化风俗，才能够拉近广告产品与当地人的距离，所谓的亲和感形象就是这样建立起来的。一个出色的广告设计者不仅会避开产品与地域文化的冲突，反而还会将产品与地域文化相结合，真正俘获消费者的心。

最后，广告设计者要有效利用色彩对比来调和广告的整体色彩感，让整个广告的色调成为一个流畅的整体。在这样一个整体色彩顺畅的广告画面中，广告的独特风格会更加明显，产品的个性也会更加凸显，只有这样才会给受众带来不一样的视觉体验，对广告的认识也会更加深刻。要达到上述设计效果，设计者必须在色彩对比的基础上遵循一定的统一变化的原则，实现广告的整体和谐感。鉴于不同受众的理解能力也存在差异，并不是所有的受众都能够完全且准确地理解广告所要传播的信息，所以有必要借助文字来直观表达。在文字设计方面要注意其与色彩图片相呼应，两者的内涵要和谐统一起来。有些广告会将文字进行拆分、重组，在变换的过程中色彩的明暗也在变化，最后定格为和谐的色彩搭配。虽然设计要走不寻常之路，运用大胆夸张的手法固然可以，但也要遵循基本的产品特性，结合产品实际的设计才会成为接地气的广告，才能吸引更多的受众。例如食品广告最好选择暖色调而不是冷色调。

任何时候的广告设计都必须遵循一定的色彩设计原则，这样才能保障广告效用时代的发展造成人们的价值观念的变化，审美观念也与时俱进，所以广告设计者要用一种发展的心态看待受众，重视广告心理学在视觉审美上的重要作用，掌握基本的色彩应用心理。每位设计者对色彩的搭配有着不同的见解，但是从产品本身特性出发这一点是基本，之后就是广告设计者发挥自己的创意才能，将自己的创新点融入广告中。当然这中间不能忽略不同地域的文化背景因素，只有全方位地考虑各种因素对广告色彩的影响，才能设计出最佳的色彩搭配。总之，色彩应用的心理学对广告设计来说尤为重要，设计者要不断加深对色彩与心理学的研究才能设计出好的广告作品。

三、图形要素

(一) 图形的定义

图形是一种说明性的视觉符号，是介于文字与美术之间的视觉语言形式。图形不同于美术作品，其主要功能是通过设计来说明或表述某种信息、思想和观念，是以形象来示意的视觉传播形式。广告设计中的图形是一种意向设计，可以说是由"意"生"象"，再以"象"表"意"的创作过程。

(二) 图形创意

图形元素是构成广告的重要元素之一。直观形象就是图形的最大优点，它可以将广告产品用一种生动的形象呈现给受众。图形在一定程度上能够打破民族和国家的界限，获得较为广泛的认可度。但是新媒体时代的广告对图形创意的要求也更高，需要对图形进行更加细致的处理，增加广告视觉效果。所以图形本身就是一种语言，可以达到文字所不能达到的视觉效果。

新媒体时代，广告在社会中的作用越来越不容忽视，承担的不光是商品信息的传递与企业文化的传递功能，更是社会文明的一种表达，代表着当下社会的价值观念和生活理念。所以，广告在社会文化建设方面的作用也是不容忽视的。随着科学技术的发展，新媒体的传播越来越呈现出一种多媒介融合的发展趋势，当然在这种传播环境之下的广告传播也同样受到很大影响，广告传播的多媒介综合运用趋势也是愈加明显，传统媒体与新媒体的合作方式也是多元化的。

基于上述背景，人们对广告信息的接收越来越趋向于图像，不管是平面图形还是动态影像，都已经成为广告受众的最佳选择。所以，新媒体时代的广告图形语言也在随着人们阅读习惯的改变而改变，在审美上带有明显的现代艺术的审美气息。我们对于图像语境解读正处在一个视觉图像解读过程中，信息科学技术的发展经历了从机械化到信息化再到如今的数字化过程，技术手段上的突破已经让信息的传播从手段、途径以及范围方面发生了翻天覆地的变化。

图像的解读已经完成了从人类手工制作到机械化操作的过程，因此这期间的人类审美也已经不同以往的保守与传统，而是更趋向于大胆与夸张，图形创意的视觉效果更加注重刺激性表现，信息数字化的极速发展让人们看世界的方式发生了极大的改变,人们可以通过网络随时随地选择自己想要浏览的信息内容,包括广告。在技术世界里,世界只是一种通过视觉机器被编码了的包罗万象的巨幅图像。媒介技术的不断发展,丰富和充实了人类获取图像信息的途径与方法,扩大了人们的视野。但是正是由于技术上的方便,也使得人们身处于一个"乱象"之中,泛滥的图形信息充斥在受众周围,人们的视觉之中混杂着很多真伪难辨的图像信息。正是由于信息量的极大增加,人们无法对周遭的信息做出正确的判断。所以,受众在筛选广告信息时也要极为慎重的。在各种媒介技术成熟发展的今天,图像正在用一种多元化、多角度的视觉方式呈现在受众面前。

视觉形态语言谱系之下方法、途径以及手段都进行了创新,打破了由理论家和艺术家所建立的传统视觉体系,丰富了现代视觉语言的体系。新媒体技术之下的视觉图像语言也在不断变化,以产品为中心的功能价值理论逐步被以受众为主的情感共鸣和审美认同感所代替,表现形式上越来越趋向于新奇性与趣味性以及丰富寓意。开放世界的多元文化背景使得现代图形审美观念发生了极大改变,人们的要求越来越趋向于多元化,多元化图像语境下的受众逐渐掌握主动权。新媒体时代的广告设计受到了当代图形语境的极大影响,因此,广告设计要在强调生产厂商诉求的基础上,更加重现图形创作。

(三)图形语言分析

1. 消解"形"与重构"态"

对"形态"这一词汇的认识,我们可以对其进行解构,从不同的语义环境进行理解和建构。从内涵角度上讲,"形"和"态"是一对相对意义上的概念范畴。"形"是基础和依托,"态"是一种反应,是视觉力场的作用。

在汉语言体系中,"态"经常与"势""情""度""状"组合在一起,生成"态势""态度""情态""状态"等语言词汇,这类词汇经常会用来表达一种情况与现状,使人产生一定的情感体验与联想。新媒体传播环境之下"形"的表现不同于传统的具象模仿与图形的程式化表达，它在表现手法和途径上也越来越丰富多样。现代广告中"形"的表现手法结合了数理逻辑与几何秩序的构成原理，并且由于现代艺术的纯粹性、自律性与分析性，后现代的形式特征比较明显。

现代艺术中的"形"较多以多元化视角呈现，在折中、碎片的方式中展示一种视觉效果，从而完成对传统习惯与秩序的消解。"形"的演变过程反映了人类文化、审美观念和科学技术的发展历程，这表明"形"的演变是一个多方共同作用的结果，是一种动态的融合，确切来说是"融创"，即融合中又有创新。消解"形"并不是单纯地拆分与打散"形"，而是在某一特定环境中对"形"进行重新构造，并以此来获得其他环境下"形"的建构与重组。在消解"形"时，可以运用解构、注入、并置、拼贴、嵌入、错位等手段，以此来达到一种交叉性的多元视觉形象。基于上述的方式，原来的"形"被解构，原有语境也被异化为其他语境，这时，"形"就会获得新生，演绎出一幅全新的语义图景。所以，从发展与创新的角度上来看，消解并不是简单的拆分，而是一种解构的创意，这种思维模式就是要打破传统的思维以及视觉习惯，产生一种全新的图式语言，从某意义上来说，这是对"形"的升华。读图时代，受众当然喜欢也习惯于用图说话，并且现在广告设计也是以图来表达广告意图，图形已经是一种表达诉求的必要手段。现代广告图形的设计遵循着灵活多变、寓意丰富、形象生动、新奇有趣的原则。所以，现在广告图形的设计要充分考虑图形中的"形"能否充分表达广告的精神价值与情感内涵，使得广告从视觉上散发出非一般的感染力。

广告"形"的设计要呈现一种"动于中而形于外"的效果，广告效果既要呈现广告产品的基本信息，还要表达广告给人在"态"方面的精神启迪。广告的"形"与"态"要在潜移默化中引起受众的心理变化，让受众产生更多的认同感，达到一种"润物细无声"的效果，使得广告被解码的同时，可以产生情感共鸣，证明受众与广告之间存在互联关系。

2. 隐喻"象"与模糊"意"

在进行广告设计时，需要借助于一定的"象"表达广告主题的内涵，以期达到广告信息与受众之间的传达与交流。对"象"的建构要基于对广告主题信息的诉求需要，充分考虑受众的审美心理，通过广告语言中的"象"的组织与建构、语言表现、视觉表达来引发受众的联想，通过主观想象让受众体会一种意境审美。

广告设计中"象"的隐喻、模糊与象征的表现是一种情景交融的意境，在这种情境中才能起到语义交叠与变化，深化"意"。

将"意"模糊化是新媒体环境的广告设计常用的表现手法，模糊的"意"具有混沌性、不确定性、变化性和过渡性，正是这种让人猜不透的表现形式才会引起受众的注意力，让受众忍不住去想清楚广告的真正内涵。

现代广告图形语言创作更加注重多元化特征，将"意"的"模糊性"分层表现。首先，针对广告设计的图形创意思维和表现形式，设计者要学会运用多种创新思维，大胆构思，巧妙设计广告图形。其次，广告设计者要善于具体情况具体分析，因境而设。在图形设计中恰当加入"模糊性"的元素，以此来提高视觉形象表现力，这样做还可以营造一种多样化的视觉环境，使人们在对广告的认知过程中可以进行更多的想象。最后，受众在解码广告信息时，会不自觉地产生美好意向的期许，希望广告图形的"意"符合自己的审美观念，达到一种审美空间的构建。所以广告设计者要注意，图形设计应该为受众提供一个广泛的解读空间，从而让受众在审美上可以生成一定的想象。

3. "视觉"趣味与"形式"游戏

从视觉形式的特征看，现代主义具有的诸如功能主义、理性主义、简洁、纯粹、机械美学观等特征逐渐被多元论、杂糅、折中、冲突的美学观及赞成装饰、文脉、隐喻、象征、情感等后现代混合特征所代替，视觉表现上呈现出一种"趣味性"状态。所谓"趣味性"，是指一种使人愉快，使人感到有意思、有吸引力的特性。广告图形设计中的"趣味性"泛指广告图形设计形态诉求、色彩表现、组织结构、表现手法等方面呈现出来的一种有意思的,可以引人入胜的特征。极具趣味性的广告设计总能给人一种新奇有趣的视觉体验,唤起受众关注广告,解读广告的意识,从而达到很好的广告效果。

  优秀的广告设计肯定会在广告的趣味性上有所创意,这也是广告设计的关键所在。广告独特的趣味性在一定程度上一定是满足了受众的某种需求,不光是实际生活中的物质需求,还包括心理上的某种情感诉求。具体的广告图形设计手法有夸张、隐喻、拟人、想象、联想、巧合、同构、变形、消解、解构、重构等,反中求正,非常态中求常态,让不合理变得合理化,让抽象变得可视化,让杂乱符合逻辑,这样就可以让平淡变得神奇,这种强烈的视觉冲击充满了刺激。广告的设计与创意需要在一个相对开放的、多元的、不确定的氛围中进行,需要不断调整广告的图形视觉形象来展示和创新广告的内涵与价值,通过这种方式来充实图形话语谱系。作为广告设计者要具备艺术家与设计师的双重修养,对于形式的表现有着极强的悟性,并且将这种悟性转化为一种自觉的意识,形成一种习惯,当然还要有极强的形式语言转译能力。广告设计者应该具有自如变通的形式句法技巧与视觉修辞能力,在日常活动中尝试着将形式的建构技巧作为一种娱乐化的兴趣爱好,让它真正为自己的一种喜好。游戏本就是一种"玩"的体验活动,人可以在游戏中愉悦身心,体验游戏的趣味性,这就与广告图形设计中的趣味性不谋而合,不符合常规思维逻辑的内容并不妨碍广告信息的传递,反而会吸引受众。游戏的趣味性就在于打破固有思维模式,让人体验不合理中的乐趣,创造一种自由、愉快的氛围,而广告也可以利用这一点。其实游戏这种特征很符合新媒体时代的受众体验中心理论,用充满趣味的游戏心态创作广告可以更大限度地释放广告视觉的潜能。

(四) 图形创意原则

1. 体现产品特性或企业理念

  在琳琅满目的商品中,广告图形的创意只有体现出产品的特征和企业理念，才能让自己的产品或品牌理念脱颖而出。而每一个广告图形的创意设计都要建立在对产品特性有所了解的基础之上，而且也要符合企业理念，才能让一个广告图形有内涵。设计者需要根据产品的基本广告诉求和一定的设计标准来进行图形设计，准确表达产品信息，同时也要积极迎合受众心理，以新颖的设计类型来加深受众对产品的了解，引发受众的购买欲望。

2. 简练的表达

快餐文化之下，新媒体广告要求图形创意力求简练，而且任何形式的广告都是在一定的时空范围内进行设计，广告信息的呈现量有限，简练的广告表达方式有利于受众在有限时空领域内最大限度地接收大量广告信息，从而提高广告传播的效率和传播效果，符合新媒体时代下受众的碎片化阅读习惯。

3. 艺术与趣味

广告设计必然要用到艺术表现手法，而在艺术表现中也必须具有能引人入胜的兴趣点。艺术与趣味可以说是提高广告图形视觉效果的重大因素。艺术设计可以满足受众的审美需求，而趣味性则可以勾起人们的好奇心理，富有艺术气息与趣味性的广告足以引人驻足观看，达到意想不到的视觉效果。

（五）图形在广告中的作用

第一，图形创意能吸引人们的注意力。经科学研究得知，人由视觉器官接收的信息为90%以上，所以视觉形象要比其他形式更具有冲击力。

第二，图形创意能直观、准确地传达信息。在平面广告设计中图形创意承担着吸引人们注意力和准确传递信息的重要任务，并能够与受众产生共鸣。在当今快节奏生活的信息时代，大多数人没有充足的时间和耐心阅读文字。图形创意凭借自身的直观性、趣味性和生动性，使人们能够快速理解广告所要传达的信息并形成深刻的广告记忆。

（六）图形设计的特点

1. 识别性

易于识别是现代图形设计存在的基础，是图形传递信息的前提条件。

2. 象征性

象征性历来是图形的基本特点，图形设计离开了象征性就会失去它自身存在的意义和价值。

3. 单纯化

单纯化是图形设计的基本追求。单纯化的图形设计就是将复杂的意念浓缩到单纯的图形中，去掉那些多余的、杂乱的视觉成分，使人能够在瞬间感受到设计者的思想和意念。

（七）广告设计的图形表现技巧

图形设计是一个充分发挥想象思维和创造力，将想象、意念进行形象化、视觉化的过程。其目的是用形象语言为受众提出一个视觉问题，或直接利用形象来引起受众的关注。

1. 比喻

比喻就是借用大家已经熟悉的事物来说明大家尚未知道的事物。当图形设计要传达信息过于抽象或难以直观表达时，就可以运用比喻手法把抽象的概念转换为人们可感知的熟悉的物象，让一个平常的物象因注入了另一个物象的属性而更加生动。

比喻手法通过对创意元素的分析、理解和联想，有目的地将两种不同属性的物象结合，使其中的一个物象借助另一个物象的属性和特点得以生动地表现。其强调的是创意思想的深刻内涵，给主题以无限的想象空间。

2. 夸张

夸张是一种为表达强烈的思想感情，对事物的形象、特征、作用、程度等进行扩大、缩小或言过其实的表达，突出事物的本质特征，以取得强烈的视觉效果的表现手法。夸张可以分为向上夸张、向下夸张和超前夸张。

（1）向上夸张

向上夸张就是把事物的某一个特征放大到不合逻辑的程度，但不影响观众认识其本质。

（2）向下夸张

向下夸张就是将一个事物描绘到最弱、最小。

（3）超前夸张

超前夸张就是把未来可能的情况描绘为过去或者现在。

3. 对比

对比是图形设计常用的一种方法，指将多个相互联系的事物进行比较，常以反衬的手法展示事物彼此间的差异性，使主题在反衬中得到更加明显的体现。

对比部分可以是抽象的，也可以是具象的，可以是形体与形体之间的对比，也可以是设计元素之间的对比。利用视觉对比进行创意，能引导受众主动思索并理解设计师的意图。

4. 比拟

比拟是一种幽默的创意形式，它以诙谐、风趣的手法来体现创意内涵。拟人和拟物统称为比拟，比拟通常给人神秘、幽默和奇特的感觉。由于图形是通过直观的视觉形象传达信息的，许多抽象的概念难以用图形的形式直接表现，唯有借助比拟，才能达到让受众认知的目的。

（八）广告图形的表现形式

1. 正负图形

正负图形指在一个特定的设计空间里，作为正形的图和作为负形的底相互借用、相互衬托、相互反转所形成的图形。图形的构成元素在相互矛盾中蕴含着各自不同的含义，两者之间形象相反，相互利用，彰显出一种新妙的图形魅力。

正负图形设计在图形创意中是简约图形形体、增强视觉趣味的重要手段。设计师可以巧妙地利用简单而又富有趣味的正负同构图形设计形式，给广告设计的图形表现提供丰富想象空间，彰显出"形中有形，话中有话"的视觉魅力。

2. 元素替构

元素替构也叫作"偷梁换柱"，是利用形与形之间的相似性和意念上的相异性，以一种形取代另一种形，使图形产生形态上的变异和意念上的变化。这个"变化"在逻辑上或许是荒谬的，会给人在视觉上带来不习惯的感觉，但这种异常的图形组合方式能使广告的设计理念得到升华，使设计思维产生质的变化。

广告设计中图形的元素替构以常规图形为依据，以想象为基础。通过替换设计元素，改变自然物体的形体结构，使图形被赋予了一种新的意念，给人无限的想象空间。元素替构彻底改变了常规的观念和传统的思维方式，使思维步入了自由世界。

在运用元素替构时，重点要抓住图形各元素的内在联系，或以形似或以意通，用新的视觉形象表达创意主题。

3. 异影图形

异影图形是指客观物体在光的作用下，产生异常的变化，呈现出与原物不同的对应物就叫作异影图形。在图形设计中，根据主题需要，经过加工的影子可以反映其对象的内涵，借以表现画面的感情。物象一般只是主题的表象，影像却是主题的实质反映，富有深刻的寓意，并给人以联想的空间和视觉上的冲击。它们彼此相生，表达一个语义、一种观念。

4. 共生图形

共生图形是指设计中打破一条轮廓线只能界定一个物象的现实，用一条轮廓线同时界定两个紧密相接、相互衬托的形象，可以使形与形之间的轮廓线相互转换借用，互生互长，从而以尽可能少的线条表现更多更丰富的含义，显现出精简着笔的魅力。

5. 双关图形

双关是指一个图形可以同时解读为两种不同的物形，并通过这两种物形之间的联系产生意义，传递高度简化的视觉信息。双关图形意味着图形牵涉双重解释，一重是表面上的意思，另一重是暗含的意思，而暗含的意思往往是图形的主要含意所在。言在此而意在彼，可达到含蓄风趣的表达效果。

6. 聚集图形

在图形设计中，我们也可将单一或相近的元素造型反复整合构成另一种视觉新形象，创造新颖的聚集图形来表达观念。构成图形的单位形态元素多用来反映整合形象的性质与特点，以强化图形本身的意义。

7. 同构图形

同构图形就是将有着不同形象特征的素材组合成一个新的形象。这种创意方法要求设计师具有敏锐的观察能力，能通过组构，赋予形象全新的内涵。

8. 减缺图形

减缺图形是用单一的视觉图像去创作简化图形，使图形在减缺形态之下仍能充分体现其造型的特点，同时，利用图形的减缺、不完整，强化想要突出的主题特征。减缺图形可以锻炼设计师的概括能力，即把握图形主要特征的能力。

四、情感要素

(一) 广告设计中情感价值界定

广告设计的效果对象包括已有的固定受众群和潜在受众群。广告的价值就在于维护既有消费者、开发新的消费者（即潜在的受众群）。广告设计之所以要慎重就是要通过各种设计理念、设计方法与要素实现广告对受众的需求对接。广告设计中的情感价值体现在广告对受众情感诉求点的满足方面。不同于传统的产品中心说，广告设计者越来越注重广告情感的传递，而广告情感价值也在逐渐成为广告设计的重心。情感价值诉求是广告设计核心价值的关键之所在，这种感性的价值理念产生于受众接收广告信息的过程之中，是一种心灵体验。正是这种情感价值拉近或是疏远了受众与广告的距离。

广告设计中的目标受众是情感体验的主体，而情感体验的客体就是广告设计的各个要素。情感价值是受众从广告设计的各要素中获得的一种主观的价值判断。设计者会通过图形、文字、影像等要素来传达广告的理念价值，而受众择机从这些要素中自动捕获自己寻求的信息，其中的理念价值会让受众产生精神上的变化，或是喜欢或是厌恶。无论是怎样的情感体验都会不同程度地达到广告的设计效果，从而使广告品牌价值具备一定的情感判断。传递一种情感价值是广告设计的重要目标之一，只有这一目标的达成才会取得广告与受众的良好互动，才能真正起到维护已有受众群，开发出潜在受众群的目的。受众会通过广告设计的视觉以及听觉效果来感知广告产品生产企业的形象，并对广告形成一定的感性认知。广告的受众群体具有复杂性，且充满了不确定性，再加上广告形式选择的多元化，造成了广告呈现在受众面前时，产生的效果具有很大的不确定性。情感价值的传递本身就是一种主观价值的传播，广告设计对受众产生的真实情感反应与广告设计者的原本设计及意图会存在很多大的差异，这就是广告愿景与受众现实之间的差距。

广告传递过程中情感价值的效果会大打折扣，在受众产生购买行为后，受众感知到的情感价值与其期望的情感价值之间也会存在一定差距。当这种差距在合理范围内时，受众就会对广告产生积极的情绪反应，也会增加受众对产品企业的好感度。但是当这种差距超过消费者的接受范围时，受众就会产生消极的情绪反应，将会给企业形象带来一定的损害。

（二）情感透视的现代性

如今的广告设计，处于社会信息传播的转型时期，媒介融合、大数据都是现代化的信息技术，数字媒介时代的广告传播审美思想与视觉认知分析并行不悖，受众注重的是视觉与知觉表现，这是新媒体时代受众的重要特点，也是我们在进行广告设计时的基础。新媒体时代的广告审美极具潮流性，从图像视觉特征角度出发，古典知识型的定点透视的理念与大量的完整的清晰图像依旧存在。新媒体时代的广告对视觉与知觉进行了解构，它并不是单纯对现实状况的复制与粘贴，它是借助了技术重构基础的一个自主化选择的世界。基于上述背景，新媒体时代下的广告设计也必须用一种新颖的碎片化的视觉设计理念来解放受众的视觉疲劳。

（三）情感想象

新媒体时代的广告符号更具有解码特性，每一个广告要素都是一个符号，这些符号可以拆分，也可以重组，成为广告的独特识别标志。现代知觉形式是在放弃采用单一结构的构图叙事方法的基础上，转而探索知觉形式形成的过程，以此来固化广告的视觉形象并扩大想象的空间。知觉并不是单纯的认知过程，因为各方因素的影响，知觉具备不稳定性，通过自身的敏感把握知觉断层，揭示出注意力的相关悖论。有意地观察事物外部形态并不一定就能揭示事物的本质，还要直接从内在的发展动机着手。现代知觉设计就是在知觉的分解与形式的丧失之上，将注意力看作是一种连续的动态形式，并且试图在知觉空间中凸显自己的离心特性，这样广告受众的视觉想象力就能够得到最大限度的解放。

（四）艺术设计的情感体验性

新媒体时代的广告注重受众体验的特征，让受众的地位更上一个台阶，而且也在一定程度上锻炼和提升了受众的审美体验能力。首先，广告在经过了漫长发展之后，广告设计者已经明白艺术设计对广告情感表达的重要作用。广告设计者也已经掌握了艺术设计组合与搭配的基本规律，受众可以在广告的艺术设计中通过不同广告要素之间的比例调和获得一种情感力量。其次，新媒体时代的广告反映现实的同时，更加注重对美好场景的描述与想象，这就为艺术设计争取了发展空间，有利于设计出极具艺术气息的广告。最后，因为实景摄入有限，广告内容受限，广告的艺术设计通常会运用各种象征手法来充实广告画面，这一过程中就会涉及各种要素的取舍，以及各种艺术形式的介入。要想让受众接受广告设计的场景，并融入其中就必须消除受众的疑虑与陌生感，用巧妙的艺术设计来感染受众，取得受众的心理认同感，这样广告作品的视觉冲击才能得以实现。所以，新媒体时代的广告设计要重视受众的读图习惯，也要明确广告主客体之间的需求，恰当运用艺术设计来达成一定的情感体验目标。

（五）情感价值的评价基础

1. 主观诉求

满足受众的主观诉求是受众接受广告的情感价值的基础。传统媒介环境下的广告情感价值通常不会体现在商品的特征信息中，但是新媒体时代的广告设计却不以此为范，不仅注重广告设计的形式，还注重从广告产品本身出发来增加广告的情感内涵。情感价值的体现不再是注重调动人的各个感官，而是使受众动情。

（1）视觉、听觉刺激

广告信息主要有语义信息、符号信息、表现信息。其中语义信息专指各种广告主形象、产品信息与消费信息以及公共事务、活动和服务信息。符号信息就是指广告视觉、听觉传达设计中的艺术语言符号，例如，动作符合、图形符合、文字符号、音乐符合等。而表现信息多指广告视觉、听觉传达的内在情感和思想内涵。广告信息统一于语义信息、符号信息、表现信息三方面组成的感知结构中，这三方面相互作用，彼此互为影响。主观诉求作为情感价值的判断标准，较多表现在符号信息与表现信息中，运用刺激手段来增加广告的视觉效果。在广告设计中不可忽视原创性对于主观诉求满足的影响程度，原创一般具有新颖的特征。因为海量信息中重复率也会升高，人们对于伪原创的信息有一种排斥心理,所以广告的原创性在满足受众需求上极为重要。语义信息的表达也可以凸显主观诉求,因为广告主形象可以通过舆论来塑造,比如企业的慈善行为就是在为自己树立一个良好的社会形象,受众在看到该企业的广告时也会心生好感。各种的符号信息如图形、文字能够在很大程度上留给受众深刻印象,给人艺术审美享受,所以符号信息在满足人的主观诉求上有很重要的地位。受众对广告情感价值的形成过程有时是在一种无意识状态下进行的,广告通过独特的视听符号信息让人可以接受其情感内涵,并在受众的大脑中形成一定的记忆信息,便于受众在产生此类广告产品的需求时,可以随时提取该广告信息而下意识忽略其他产品,这就是一种"先入为主"的广告效果。

(2) 利益点的迎合

任何一则广告如果没有迎合受众的需求就不会有受众群。虽然主观注意的引发来自外界刺激,但是人本身的兴趣点以及利益需求也是自觉注意的出发点。所以同样的广告对于不同的人群就会产生不一样的广告效果,其中包括人的兴趣爱好、精神状态以及利益需求,尤其是利益需求。主观注意的对象就是在以上基础上成为焦点的。所以寻找受众的需求点,迎合受众的利益点,广告才会成为热点,也才会成为卖点。因为受众的利益需求获得满足才能给予广告肯定的评价。

2. 客观诱因

(1) 客观角度诱发受众好感度

人在日常生活中总是习惯于构建一种有秩序的、相互联系的且符合逻辑的认知状态,而且会致力于维护这种认知体系,尽量让自己处于一种平衡认知状态中。平衡状态就是一种被知觉的元素和情绪无应急的共存的情境,在这一情境中人对认知组织和情绪表现上的任何变化都没有压力,更不会出现应激反应。平衡理论还认为当个体受众的认知体系处于一种不平衡状态时,知觉的元素和心理定式不再一致,个体受众会感受压力,产生焦虑和痛苦的情绪。在这种失衡的状态下,焦虑与痛苦的感觉会驱使一个人改变其认知体系，以期重新达到一种平衡状态，消除心理压力。反之，知觉客体与知觉主体的心理定式一致时，也就是当知觉主体的认知体系处于一种平衡状态时，知觉主体也就是人的情感体验与态度就会趋向于积极的方向，表现出对知觉信息的喜爱与肯定。

当广告的情感价值内涵满足了受众的情感诉求，能与个体受众的知觉定势保持高度一致，就势必会引发受众对广告信息的认可感。广告中情感信息的价值体现势必会借助于某一文化的情感积淀，才会让身处于这一文化之中的受众有认同感，从而倾注自己的情绪，产生广告主客体的情感交流，并在这一过程中让受众体验到独特的视觉审美，从而在心理上对受众产生良好的影响，形成高度的好感。

(2) 好感度加深广告记忆

知觉不同于记忆，二者之间有很大区别。知觉是人们对当前事物的直觉感受，是一种当前的感官认知。而记忆是一种人脑对外界信息进行解码、储存和提取的活动过程。人们通过感知当下的事物，思考某一问题，体验某一情感或进行某一行为活动，都会在大脑中形成一定的印象，经过一段时间后还能够在某些条件下恢复的信息才会称之为记忆。在现代心理学中，信息经过一定的编码后才会被大脑记住。由于人只会注意到那些自己感兴趣的事物，大脑在进行信息处理时也只会选择部分进行编码，所以对人有意义的信息才会被大脑记忆，而且还并不是全部记忆，所以，受众对广告的好感度通常与其对广告信息的记忆呈正相关。

(六) 情感价值的评价原则

1. 符合受众"情"的需求

新媒体时代商品宣传形式多样，因为经济的发展使得生产生活用品极大丰富，人们每天都处在各种各样媒介广告的狂轰滥炸之中，受众对这种爆炸式的广告信息产生了一定的抗体，这也就表明现在广告设计上仍然存在问题。好的广告设计会在美学基础上进行，并且会在以下两方面与受众需求建立联系。首先是在丰富广告精神内涵的基础之上加强与受众的情感联系，让受众有情可依。其次，设计者还可以通过创新手法让自己的产品有一种与众不同的视觉形象，在风格和形象上独树一帜，引人注目，满足受众的新奇心理。以上两方面的内容是相辅相成的，需要广告设计者协调统一处理。

广告的情感内涵不仅对受众感知广告信息、进行广告记忆有着重要影响，而且有助于受众对广告的再次回忆。所以广告的内涵与外观共同构成了广告产品的形象，这也是一种"意"与"形"的有效结合。广告设计要以受众为目标，在进行广告情感内涵赋予、表现时，要处处以受众的情感需求为依据，以人为本的思想要贯穿始终。广告情感内涵的丰富应该重视日常生活中的人类情感表现，符合当下的社会道德与风尚，从广大的人民群众中挖掘最真实的情感故事，从而运用到广告设计中，展示最感人的人性，做到从群众中来，到群众中去，这样的广告接地气，还会增强广告的亲和力与持久性，从而最大限度达到广告效果。在建设和谐社会的过程中，必须重视道德建设，加强充斥在人们周围的广告的情感诉求非常必要，尤其是要体现一种人文关怀，重点体现广告受众的需求特征，这是形成情感评价的基础。

(1) 把握人性，抓住受众情感

情感的满足建立在感性诉求的基础之上，这就要求广告设计者要准确把握人性特点，抓住受众的情感。因此广告设计者要做到从受众的心理出发，为受众的利益着想，让受众与广告产品之间互为紧密的联系，用丰富的情感语言与形象刺激受众的兴奋点，打动受众的心。说到底，还是受众的需求对受众的心理活动以及外在行为方式有着关键性的影响，受众的行为活动取向和结果都建立在受众的情感需要基础上。广告的情感刺激必须以受众的需求为中介才能发挥作用，所以围绕受众的情感需求进行设计，才能产生巨大的感染力与号召力，促使受众产生购买广告产品的行为。

要从心理学方面研究受众的"人性"特征。人性的内涵极为丰富多彩，人的个体情感特征、人与人之间的情感交流都是人性研究的重要内容。

成功的商业广告善于挖掘人性深处的美，给人心灵深处的震撼与满足。在广告心理学中，要使情绪产生的客体即受众的生理需要与广告的情感内涵相关，就必须正确把握人性特点。

（2）营造氛围，实现心灵沟通

广告的以情动人，就是要让受众有一种身临其境的感觉，并在此基础上与广告中的形象进行交流，达成心理认同感，实现心灵沟通。

（3）增加产品心理附加值

新媒体时代的广告有一种附加值在其中才能让人回味无穷，不过作为客观物质形态的广告产品与服务不具备心理附加值，但是广告产品可以在广告设计之下具有某种特效，广告赋予产品某种附加意义，使产品具备某种象征性的含义。广告设计虽然艺术性很强，但与艺术不同，广告带有一定的功利性目的，这体现在对受众经济与精神的双重满足上。广告产品本身能满足受众物质上的需求，但是心理方面的满足，由于广告的设计不同，满足程度也有很大差别。附加值是超值的，这种超出广告本身经济学意义上的价值就要通过一定的广告创意来实现，良好的视觉设计是受众心理满足的基础，广告创意的魅力就在于满足人的认知、情感、审美等方面的心理需求，通过这种满足来创造一定的心理附加值，这是一种精神满足。人类的物质需求与精神需求缺一不可，同样，广告也要针对这两种需求进行合理设计。物质需求的满足可以让人心情愉悦，体验到广告中所宣传的那种象征性的情感内涵，而精神上的满足又可以强化受众对该广告产品的需求心理，当这两种需求都得到满足时，受众就会产生倾向于再次购买该商品的心理。

2. 注重"情"的传播

情感话题是人类永恒的探讨内容。用情感话题来引发广告创意已经常用的手段。在广告创意中融入各种情感元素，引发受众心理反应，让他们成为广告情感活动的参与者和宣传者，才能真正使受众感受到广告情感内涵。具体的设计运用方法可以从以下几方面着手。

（1）民族情感

民族情感是个体对自己所属民族的归属感与认同感。每一民族都有属于自己的优秀传统文化，而在现代广告设计中，民族文化已经对广告设计产生了不可忽视的影响，在设计广告中一定要注意民族情结的体现与运用。如果偏离了广告投放地的民族文化，任何广告都不会有群众基础，而且，每一个企业也要从民族文化出发来塑造自己的企业形象，脱离了本民族文化的广告是无根之木，不会有长远的发展。全球化背景下的多元文化交流，更需要立足于本民族文化进行广告设计与传播，为本民族文化的发展贡献一份力量。

（2）友情

交互性明显的新媒体传播时代，友情在广告设计中的力量不容忽视。基于社交网络的各种微博广告、朋友圈广告都是以人际交往的友情为基础传播广告信息的，无论是转发还是点赞评论，这都是广告在利用友情对受众进行宣传。

（3）亲情

人类感情中，亲情是最无私、最真挚的。它会伴随人的一生，因此这种情感诉求很广泛，广告中的亲情可以打破受众在年龄、文化、职业等多方面的界限。原本亲情类广告多运用于家庭生活用品广告中，但是由于设计理念的发展，亲情已经被广泛运用到各种产品广告之中。广告设计者如果能使广告产品与受众的家庭联系在一起，就可以引发整个家庭成员的共鸣，从而达到良好的广告情感渲染。

情感的流露要真实不做作，才会引人关注，有感而发、水到渠成的广告情感表现，是设计者最终追求的广告情感效果。情感表达的适度与否直接关系到广告情感价值的传递效果。正确的情感价值判断标准有助于设计者掌握情感表达的技巧，让其在合理的范围内发挥情感的最佳效用，俘房更多的广告受众。

第三节　广告设计原则

一、原创性

原创性原则就是要求企业的广告设计能够有自己的理念价值，而不是照搬或是抄袭其他企业的广告理念，原创性就是要保证广告设计中的独创性与新颖性，让产品可以在众多产品中脱颖而出。

二、艺术性

广告设计讲求经济与艺术的完美融合，但是关于两者如何结合历来就是广告界争论的焦点。如果只是为了经济利益，不考虑艺术因素，广告设计的效果就会显得苍白无力，没有视觉审美，也不会有丰富的情感内涵，更遑论打动人心，引发受众的内心变化。所以广告设计要遵循艺术性原则，让受众感受到广告的艺术魅力。

三、整体性

广告要达到一定的宣传效果，就要有一种全局意识，从整体性上把握广告的设计效果。设计者不仅要从产品本身特性考虑，还要对广告的受众群体特征有一定的了解，更要展现企业的价值理念。广告设计的整体性不仅是广告播出时的整体形式，还要考虑广告中呈现的精神层面，比如，企业的价值理念和管理模式。这就要求广告设计时要兼顾所有的设计元素、形式、秩序。广告设计中惯用故事情节来表现产品的特性，但是这种情节的设计要顺畅自然才会引人入胜，如果情节之间衔接没有逻辑性，不能从整体上做到协调统一，也就不会对受众有所影响。

四、真实性

广告的真实性是受众对广告产品产生信任的基础，是交易活动产生的基础。广告设计者在设计之初不仅要保证自己所设计的广告产品真实存在，还要保证自己即使运用了各种艺术表现手法后也不会让广告有一种虚假的表象，误导受众。广告设计中夸张手法的运用很平常，但是这并不代表广告设计者可以随意吹嘘产品的功能。虚假广告不仅会使产品失去受众群，还会自毁品牌形象。

五、效益性

企业出资进行广告设计的目的就是实现经济效益的最大化，所以，在广告设计中就不得不考虑商业诉求，这是广告设计的初衷，也是最终目的。我们不仅要了解一个产品，了解一个企业的文化，还要分析销售市场，对同类产品的竞争者做一个全面的比较，明确自身产品的优、劣势，这样才能设计出具有针对性的广告。

六、合法性

法治社会下的广告设计必须是合法的，只有合法的广告才会被播放出来，呈现在受众面前。所以，广告设计者要在广告法的限制框架内进行创作，切不可抄袭他人广告作品或是设计虚假广告。

新媒体时代的广告扮演着重要的信息传播者的角色。随着人们审美意识与素质的不断提高，合理的广告设计显得尤为重要。要做好新媒体时代的广告传播就要遵循新的媒体环境下的设计原则，关注受众审美等方面的心理变化，丰富广告设计的理论基础。

第四节　广告设计创新

一、形象思维的运用

形象思维的运用是需要人借助于一定的具象事物得以完成的思维过程，是一种想象思维的体现。形象思维与艺术创作有着天然的密切联系，而广告中的视觉艺术就是以形象思维为基础的，视觉设计的本质就是一种形象思维过程。广告设计者在进行艺术设计时，想到的许多具体形象会经过思维加工，在艺术处理以后，成为一种艺术的再现形式。想象的本质就是对物质世界的一种大脑加工过程，主要靠一定的具象来表现，这是一种艺术的思维方式。人类文明传承至今，许多智慧结晶就少不了想象思维的运用。视觉艺术是一种靠复杂想象力进行的创作，不是对客观事物的简单再现，而是人脑对自己的原有心理活动加上外界信息经过解码、编码重新整理而来的一个新的意象，是"意"与"形"的完美结合。人们的审美意识必然以想象为基础，当人们在观看广告作品时，已经通过自己的固有思维定式和广告画面的呈现，在自己的大脑中重组了一个想象的空间。当然根据受众的不同个人经历，所想象的画面也是不一样的。

记忆信息越多，想象能力越强，想象的画面越丰富。抽象的广告语，单纯的色块之所以让人难以忘记，就是因为人的想象思维将这种抽象的事物在大脑内具象化，形成一定的情感认可。

二、发散思维的运用

发散思维就是由问题的中心出发而向周围展开扩展，以此获得解决问题的方法或策略的一种思维过程，这种思维方式也被称为扩散思维、辐射思维、多向思维等。就如车的轮胎，有一个中心轴的存在，而各个辐条就如每一条发散出去的思路。正如车的辐条每一思路都是由中心而发，互相之间并没有关系，所以，逻辑上一般呈现出间接联系，而非直接联系。发散性思维可以突破人的固有思维模式，打破常规，重新组合已有的认知信息，形成新的解决策略。发散思维是开放的，所以这种思维的模式不是固定的，思维方向具有无限性，可以独树一帜，也可以异想天开。发散的方向越多，广告设计的方案就会越丰富，成为新的创意的可能就越大，所以发散性思维在广告设计中具有很重要的作用。

发散思维就是从一个小小的点出发，冲破思维局限性，让人的大脑插上想象的翅膀，如天马行空般在广阔天空中翱翔。广告设计中，要运用发散思维的多触角性来创新组合各种广告元素，给受众带来不一样的视觉体验。

发散思维中还有一种思维方式，被称为逆向思维。广告创新设计中的逆向思维又叫反向思维。反其道而行之的逆向思维古已有之，家喻户晓的司马光砸缸的故事，就摆脱了一种单向的而且定向的思维模式，得到一种创新的解决方式。逆向思维模式就是要告诉人们学会从正反两方面思考解决问题的方法。所以逆向思维也是让自己的广告脱颖而出的一种很好的策略。

三、灵感思维运用

灵感思维的运用要求设计者有一定的悟性和天生的敏感。灵感是一种设计者在设计广告过程中达到高潮阶段时出现的最富创造性的瞬间。广告设计者在广告设计过程中由于思想的高度集中和情绪的紧张，冥思苦想而不得，思想不自觉放松，就在放松之后的某一瞬间，灵光闪现，出现的一种"顿悟"。这种顿悟是由偶然间的情境触发，或是人与事物的沟通而来，容易形成一定的清晰图式，但也容易一闪而过，所以在灵感闪现的一瞬间，设计者要稳定情绪，迅速记忆，以防灵感流失。灵感出现不同于人的固有思想，它极具不确定性，而且灵感虽然是一种顿悟，但也有赖于人的先天的智力水平、长期知识储备和外界环境。

广告设计创新并不是要抛弃前人的经验，而是要在前人的经验上，运用创新的思路来重新创造出更多的设计理念。

第四章

广告版式编排

第一节　广告版式编排的形式原理

一、视觉流程

所谓"视觉流程",是指画面设计对于受众的视觉引导,先看哪里,再看哪里,哪里要多看,哪里要少看等,这些都可以通过画面中图形的视觉流程规划来实现。清晰的视觉流程,不仅可以增加受众在画面中的停留时间,还有助于受众对于画面中重要信息的解读,增强作品的信息传达效果。

人无法让自己的视线总是停留在某一个位置上。各种信息不断作用于我们的视觉器官,引起视线的不断移动和变化。毫无疑问,遵循视觉规律,是进行图形设计的最佳方式。

视线流动规律如下:

第一,视线的转移具有直线性特征,即视线从一个视点转移至另一个视点、从一种刺激样式转至另一种刺激样式时是直线转移,因为线段是连接两个刺激物的最短距离。

第二,某一视觉信息具有较强的刺激时,就容易为人的视觉所感知,人的视线就会移动到这里。

第三,视线顺着事物之间的间隔距离递减的方向移动。当人的视觉注意信息后,如果视觉信息在形态和结构上具有强烈的冲击力,形成和周围环境的差异,就能进一步引起人们的视觉兴趣。

第四,视觉流动总要反复多次,视觉在物体上停留的时间越长、次数越多,人获得的信息量就越大。反之,若视觉在物体上停留的时间越短、次数越少,人获得的信息量就越少。

第五,眼睛的视觉场是水平椭圆的,眼睛的水平运动比垂直运动快,因而人在观察物象时,容易先注意水平方向的物象,然后才注意垂直方向的物象。人的眼睛对于画面左上方的观察力优于右上方,对右下方的观察力又优于左下方。

第六，由于人们的视觉运动是积极主动的，具有很强的自由选择性，往往是选择所感兴趣的视觉物象，而忽略其他要素，从而造成视觉流程的不规划性与不稳定性。

二、平衡

"平衡"又称"均衡"，是指在两部分之间有一个支点支撑，以达到力的对等状态，例如天平。对实物来说，"平衡"是指物体间的对等关系。而在广告的版面上，平衡是由图形的形状、数量、大小、轻重、色彩及字体的分布作用于视觉而产生的，常以中心点、中心轴保持形与量的平衡关系，同时关联到形象的动势和重心等因素。一般情况下，广告画面是由多种视觉要素构成，版面编排必须注意各个要素之间合理搭配，使视觉上具有平衡感，保证画面舒服。

（一）对称平衡

对称平衡是将构成画面的图形与文字等要素均匀地分配在画面垂直中心轴的左右两侧，或水平中心轴的上下方。对称平衡给人以安全、稳定、庄重、高贵、典雅之感，但运用不好会使人感到单调乏味。

（二）非对称平衡

非对称平衡又叫均衡，是一种有变化的平衡。它运用等量不等形的方式来表现矛盾的统一性，通过视觉元素的大小、形状、方向、线条的粗细、色彩、疏密等处理画面的平衡关系。如大面积、高密度、重色彩、形状规则的形态感觉重，反之感觉轻。移动分量较重的形象靠近视觉中心，或在较轻的一边加重分量，也是调节画面平衡感的有效方法。非对称平衡新颖、活泼、富有动感，在各类广告版式编排中应用广泛。

三、对比

对比就是强调事物之间的差异性。对比是变化的基础，有了对比，画面才会生动活泼、主次分明。在广告版式编排中可以有效利用任何一种差异，通过构成要素之间形状、大小、方向、明暗、空间、聚散、动静、虚实等的对比，把读者的注意力吸引到广告的主体部分上来，提高广告的注目率。

（一）形状对比

视觉形态主要分曲线形、直线形两大类。直线形有坚硬、坚强的特点，往往代表着力量美；曲线形具有柔软、温暖等特征。在广告画面中过多的直线显出呆板停滞；过多的曲线会给人一种不安定的感觉。将直线形与曲线形进行适当对比运用，会使人产生强烈的情感，并留下深刻的印象。

（二）大小对比

广告构成要素在画面所占面积大小、线的长短所形成的对比。大小对比是相对而言的。各要素之间差距小，会带给人沉稳、平淡的感觉；差距大，则使人感到画面鲜明、强烈、有力。因此，在设计中将主体图形或文字放大，与一些小的部分形成对比，可以使画面重点一目了然，并产生奇妙的视觉效果。

（三）方向对比

凡带有方向的形象都必须注意方向的对比。在广告编排过程中最常见的是垂直方向与水平方向的对比。编排时应以一种方向为主并进行适当对比，使画面紧凑而协调。

（四）明暗对比

无论绘画还是平面设计，都必须有明暗关系的对比，也就是说，要保证画面有"黑白灰"层次，并且"黑白灰"能按视觉美感合理分布在画面中。这样才能使作品色调丰富、节奏明快。另外，明暗对比是处理好画面空间关系的主要方法。需要突出的部分应加强与背景之间的明度对比；不需要突出的部分应减弱与背景之间的明度对比。如果相邻色块对比过强，而且过于分散，画面便会显得杂乱无章。如果灰色太多，则会感到对比太弱，作品平淡无味。

（五）空间对比

空间对比指画面中主体与背景、远近及前后关系不同所产生的对比。在中国画论中有关于构图"疏可跑马，密不透风""计白当黑"之说，生动形象地阐明了空间对比的重要性。在广告画面中，空白的安排是非常重要的，一方面，空白能增强画面的深度感，使重点更加突出，起到强调及引起注意的作用，能营造格调高雅的意境；另一方面，空白又是调节视觉的主要手段，如果忽视了空白，主次不分，将画面铺得满满的，将会给人一种"喘不过来气"的感觉。

（六）聚散对比

聚散对比即密集的基本形与松散的基本形之间的对比，是画面产生空间感的主要方法。在画面布局上安排基本形的聚散主要有两种形式：一种是以点为中心的密集，密集点多在版面左上方，图形与文字在组织排列上趋向于这个点密集，愈接近此点愈密，愈远离此点愈疏；另一种是以线为中心的密集，画面中有一条意向中的线，分直线或曲线，图形与文字向此线密集，在线的位置上密集最大。密集点或密集线常常成为整个设计的视觉焦点，在画面中形成一种视觉上的张力。

（七）动静对比

动与静的对比是相对而言的，一般来说，我们把不规则的形态称为"动"，把平直的形态称为"静"。在广告画面中，在相同基本形（图形或文字）并置排列时，有意将个别部位进行放大、缩小等处理，产生"静中有动"的感觉；在以动为主的画面中放置静态的文字或图形，就会产生"动中有静"的感觉。动静对比在店头广告中设计中应用最多。

（八）虚实对比

虚实对比是绘画的基本语言，是处理画面空间层次的有效方法。广告版式编排中，将次要的图形或文字进行模糊处理，衬托出主体图形或文字，可以有效提高广告注目率。

四、韵律

韵律是艺术的一种基本表现形式。韵律原指诗歌的声韵和节律，它加强了诗歌的音乐性和节奏性。这里所说的韵律是指韵律感，它反映了秩序与协调美。在版面编排上虽然没有诗歌所表现的那种听觉上的韵律，但由视线的移动而产生的动感，也能显示出韵律来。韵律，可在有规律性的"反复"与"突变"中加以表现。例如，疏密、起伏、明暗、粗细、长短等有规律地交替进行。韵律能使人感到轻松、愉快。在广告的版面编排中，也可以通过反复出现的形态，构成画面的韵律。

五、呼应

呼应是一种关系，也是一种交流。它让画面自成一体的同时，又让元素之间富含联系，甚至充满故事性，让观者在一呼一应中跟随主体内容，实现与画面的交流。为了保持广告内容和视觉上的前后连贯一致，版式编排应考虑形状、色彩、文字、明度、情感等方面的前后呼应关系，但要注意两者之间的比例变化。

六、整体

版面编排的目的是把各种设计要素组合在一个整体之中，使它们在整体中发挥各自的作用。整体的统一性并不否定局部的多样化，而只是要求局部服从、服务整体。在整体的布局之下，各个局部都有相对独立的地位。而局部与局部之间，其地位又各有差异，次要的局部还要服从、服务主要的局部，以突出重点。就设计过程而言，要从整体的要求出发，对各个局部做精心安排，然后再回到整体的立场上来，对各个局部做适当的调整。这样才能成功地完成一条广告的版面编排。

七、比例

比例是指部分与部分、部分与整体的数量关系。广告的版面编排要取得良好的效果，就要使各个设计要素（如图形、商标、文字等）都能在版面上形成良好的比例关系。一般来说，比较重要的、需要强调的内容所占比例要大一些；次要的内容所占比例要小一些。关于比例，还有两点需要注意：一是版面的长宽比例问题；二是比例的反常问题。

（一）版面的长宽比例

受众对于平面广告的印象大多是在一瞬间获得的。这"瞬间"的视域决定了视觉广告版面长宽的最佳比例。画面宽度与长度的最佳比例是1∶1.168，称为黄金律，又称黄金比。为了计算方便，人们换算出其近似的比例有 2∶3、3∶5、8∶13、13∶21 等。

（二）比例的反常

人体或其他动物的形象，各部分的比例大体是固定的，如果违反了这种正常比例关系，形象就会变形。在一般情况下，应尊重这些比例关系。但是在特殊情况下，如为了引起受众的注意等，广告设计师可以违反常规，采用反常的比例，如把人的头部放大或缩小等。不过这种变形也是有限度的，要根据主题的需要，在适当的范围内进行。

第二节 广告版式编排的基本形式

一、全版式

以一张图片占据整个画面，文字、标志、图形等在图片上编排，或直接在底色上编排图形（包括退底图片）。全版式编排浑然一体，就像一幅画作呈现在观众面前，有较好的亲和力。全板式在公益广告使用最多。全板式又细分为以下几种形式。

（一）直立式

图形直立于画面中心位置，并占据较大空间，文字附设在图形的周围。该版式有较强的安定感和肃穆感。直立式的版面编排方式在酒、服装等广告中使用较多。

(二) 水平式

图形设置与画面呈上下平行状态,文字安排在图形上方或下方。该版式稳定感较强,在交通、旅游等广告中使用较多。

(三) 倾斜式

将主体图形在画面中间倾斜,其他位置相应安排文字。这样,版式既有强烈的动感又能产生视觉平衡。倾斜式版式活泼自然,适用于体育用品、化妆品等广告。

(四) 交叉式

图形与广告标题呈交叉状(一般是文字叠置于图形之上),有垂直交叉和倾斜交等,二者相得益彰,融为一体。在使用交叉式进行版面的编排设计时,要注意字体的大小和交叉位置的选择,避免相互冲突,保证图形视觉上的完整性和文字内容的识别性。

(五) 散点式

将多个图形分散摆放在画面中,打造出松散、自由的视觉效果。表面上有一定的随意性,实际上图形的大小、位置、疏密、强弱等方面都需要精心策划,使所有图形构成一个有机的整体。散点式编排应做到"散而不乱、形散神聚",力求完整统一。散点式的版面编排方式多用于大型综合类广告。

(六) 网底式

全版用四方连续纹样把主体图形衬托出来,增加画面的空间感和层次感。单元图形可以是商标也可以是标准字体或其他,但要注意减弱纹样与底色的对比,拉开纹样与主体图形之间距离。

(七) 上下式

常见于竖幅广告。一种是将主体图形安排在画面上半部,文字等要素放置在图形下方,版式符合一般的视觉习惯,又称标准式。该版式有较好的稳定感,视线会自上而下流动,讲究秩序,先以图形引起人们的兴趣，接着通过标题吸引读者的注意力，使其阅读全部内容；但该版式过于常见，因而缺少个性。另一种是将主体图形放置在画面下方，文字紧跟图形或放在画面最上端。画面开阔而稳定，给人以"一览众山小"的畅快感。上下式的版式设计适用于文物展览、旅游等广告。

（八）左右式

在横幅广告中，图形一般放置在版面的左边或右边，另一边相应安排文字与其他要素。左右式主要用于店头广告和户外招牌。

（九）两端式

将图形放置在版面上下或左右两端，一般是一大一小，前后呼应，视线在画面左右或上下流动，有较好的稳定性。两端式适用于大型广告招牌设计。

（十）包围式

把图形放在画面四周，使其将文字围在中心。因限定了空间，有强调和保护作用，同时有一定的装饰作用。包围式适用于首饰、食品等广告。

（十一）角图式

将图形放置在画面一角，在对角处安排文字或小图形彼此呼应。该版式灵活自然，较为常用。

（十二）切入式

有意将图形从某个角度切入画面，部分图形留在画面以外。切入图形一般选择典型部位，占据画面较大空间。画面空白处安排其他要素，通常有另一个或几个静态（较小）的完整图形在画面中与切入图形产生呼应关系，打造动静对比效果。切入式的编排方式使画面有着较强的动感和视觉稳定性，适用于体育产品、食品、汽车、儿童服装等广告。

（十三）突破式

将个别图形或文字有意突破广告篇幅的限制，冲出画面，以形成强烈的视觉效应。另外，在广告图形设计中也常见"突破"手法的运用，比如图形中个别元素从原来位置上"跳"出来，以产生奇特的视觉效果。

（十四）指引式

在广告版式编排中，将图形排列成指引性符号和透视线，或用手指等将读者的注意力引向广告主体内容。指引式的编排方式有明显的视觉诱导性，有助于读者瞬间领会广告信息的要点。

二、分割式

分割式是在广告编排过程中，先把整个版面划分成几个部分，然后分别安排构成要素的方法。主要有上下分割式、左右分割式、"十"字分割式、平行分割式、斜向分割式、窗式分割式、曲线分割式、自由分割式等。

（一）上下分割式

将版面横直分成上下两个部分，一部分配置图片，另一部分安排文字。该版式有较强的稳定感，但略显呆板。因此，在运用上下分割式的版面编排方式时，尽量选择生动活泼的图片，并注意文字排列和分割比例的变化。上下分割式的版面编排方式适合竖幅广告。

版式编排过程中，图片可以出血，也可以适当留出空白；标题可以写在空白处，也可以写在图片上或跨越上下两部分。另外，图片上还可以插入商品图形，配合文字传达信息。图形可以与正文放在一起，也可以交叉于图片和文字之间。有时，还可以将图片中的局部嵌入下放，以求变化。

（二）左右分割式

同上下分割式相反，左右分割式是将版面垂直分成左右两个部分。图片作为广告视觉主体时一般安排在版面左侧，占据主要空间；标题作为广告视觉重点时，图片多放置在版面右侧占据较小比例。很少情况下版面左右平均分割。左右分割如果两侧明暗上对比强烈，效果更加鲜明。左右分割式的版面编排方式适合横幅广告。

(三)"十"字分割式

将版面以十字形分割成相等或不等的四个部分,分别安排文字、图形与标志等内容。

(四)平行分割式

将版面平行分割成若干个单元,具体有以下两种方式。

一是将版面分成左、中、右三部分或上、中、下三部分,图片可以放在中间,也可以放在上下或左右两侧;图片可以作为视觉主体,也可以作为陪衬文字的装饰图案。

二是横向或纵向将整个画面平行分割成三个以上若干单元,包括等距离分割、自然分割和渐变分割。每个单元分别配置相应的文字与图形,注意各部分之间的关联性,使画面更具节奏感。

平行分割式适合超常比例的版面设计,视觉效果如同折页宣传册,给人以亲切自然之感。平行分割式的版面编排方式适用于车体广告、墙体广告等。

(五)斜向分割式

将版面倾斜分割成左右或上下两部分(有时对角割),一部分是图片或底色,另一部分是空白,然后分别安排标题、图形、正文、标志等要素。斜向分割式编排具有动感,比上下分割式更加活泼,适用于汽车、电器等广告。

(六)窗式分割式

用垂直线和水平线将画面分割成若干部分,然后分别填充图形。方格允许有适当的大小变化,但必须注意相互之间的协调性。窗式分割式的版面编排方式适用于展示多张相似的图片或者多种不同颜色的产品等。

(七)曲线分割式

用曲线把版面分割成两个或两个以上部分,然后分别安排图形和文字等。曲线分割包括几何曲线分割与自由直线分割。其中，几何曲线分割又分为圆形分割、S形分割、扇形分割等，版式给人一种运动美感，适用于化妆品、家电、健身用品等广告；自由曲线分割（包括撕裂）给人以自然、灵活、亲切之感，适用于服装等广告。

（八）自由分割式

用自由的线条将画面分割成若干个单元。使用自由分割式的版面编排方式时，要注意分割画面的大小、形状、色彩及明暗变化。有时用图形或文字将画面分割成左右两部分再填充不同色彩，彰显个性。

第五章

新媒体广告策划

第一节 广告策划概述

一、广告策划的定义

所谓广告策划，就是根据广告主的营销计划和广告目标，在市场调查的基础上，制定出一个与市场情况、产品状态、消费群体相适应的经济有效的广告计划方案，并加以评估、实施和检验，从而为广告主的整体经营提供良好服务的活动。

广告策划要为广告主的整体经营提供科学规范的方案、内容、过程及操作方法等，同时，广告策划也是一种决策过程。因此，广告策划具有两方面特征：一是事前行为，二是行为本身具有全局性。

二、广告策划的地位和作用

(一) 广告策划的地位

1. 广告策划是广告媒体计划的基础

广告媒体计划是广告策划的一个重要组成部分，是广告策划所决定的战略、方法、步骤的综合提炼。媒体计划的设定是否合理，将直接影响广告投放的最终结果，而媒体计划又必须以广告策划为基础，两者关系密不可分。

2. 广告策划指导广告的创作与发布

广告策划的意图决定着广告创作的总体思路。广告创作是广告策划所决定的意图的具体体现，是执行和表现广告策划的具体手段，它必须在广告策划所决定的战略方针下进行，必须充分体现广告策划的意图与构思，为实现广告目标和广告效果服务。如果广告创作离开了策划，那么广告作品将诉求无力，达不到任何广告效果。

3. 广告策划是广告效果测定的依据

广告策划效果测定是广告策划中的一个十分重要的组成部分。广告策划规定了测定广告效果的标准、方法和原则，使广告效果的测定工作更加科学、准确，为广告活动的最终效果提供了有力保障。

（二）广告策划的作用

广告策划是整个广告活动的核心和灵魂，可将广告调查、广告计划、广告创作、广告效果测定等环节整合或统一成整体。

广告策划将广告效果的长远计划和短期计划衔接，突出广告活动的重点。广告策划在统筹广告主的广告活动、集体力量、树立商品品牌形象方面具有重要意义，同时，广告策划根据产品所处的发展阶段，采用不同的广告战略，兼顾眼前利益和长远利益，使整个广告活动的宣传效果更加显著。

三、广告策划的原则

广告策划作为一种系统性和创造性的活动，必须遵循一定的原则。广告策划的基本原则包括目的性原则、统一性原则、调适性原则、效益性原则及可操作性原则，详细讲解如下。

（一）统一性原则

在进行广告策划时，要从整体的角度来考虑问题，从广告活动的整体与部分之间相互依赖、相互制约的统一关系中，揭示广告活动的特征和运动规律，以实现广告活动的最优效果。广告策划的统一性原则，要求广告活动的各个方面在内在本质上要步调一致；广告活动的各个方面要服从统一的营销目标和广告目标，树立统一的产品形象和企业形象。不遵循广告策划的统一性原则，就做不到对广告活动的各个方面进行全面规划、统筹兼顾，广告策划也就失去了存在的意义。

统一性原则具体体现在以下几个方面：

第一，广告策划的流程要统一。广告策划的各个环节应当规范，不能各自为政。从市场调查开始，到广告环境分析、广告主题分析、广告目标分析、广告创意、广告制作、广告媒体选择、广告发布，直至广告效果测定，整个过程都要有正确的指导思想来统领。

第二，广告所使用的各种媒体要统一，既不能重叠，以免造成广告发布费用的浪费，也不能空缺，以免广告策划意图不能得到完美实现。此外，不同投放媒体之间的组合应当协调统一，不能互相抵触。即便在同一媒体上，广告内容与投放的媒体节目内容也要相统一，不能随便安排。

第三，广告要与销售渠道相统一。广告的发布路线与产品的流通路线要一致，不能南辕北辙。既不能出现产品到达该地区而广告还未发布的滞后局面，也不能出现广告发布了，而产品还没有到达该地区的局面。

（二）调适性原则

市场经济变化迅速，企业的生产经营会随时进行调整，因此企业的广告策划需要及时地进行调整。如果企业营销人员只强调广告策划的统一性原则，而忽视了调适性原则，那么广告策划就会呈现停滞状态，只有坚持调适性原则，广告策划活动才能在复杂多变的市场环境中和现实情况下保持同步或最佳适应状态。通常来说，广告策划需要调适的情况有以下三种。

1. 广告对象发生变化

广告对象是广告信息的接受者，也是广告策划中所瞄准的目标消费群体。当前期策划瞄准的广告对象不够准确，或者消费者群体发生变化时，就要及时调整广告策划。

2. 创意不准

创意是广告策划的灵魂，当广告策划因创意不准，缺乏冲击力而不能完整实现广告目标时，企业营销人员就需要对广告策划进行适当的调整。

3. 广告策略发生变化

当广告策划前期制定的广告发布时机、广告发布地域、广告发布方式、广告发布媒体等不合时宜或者出现新情况时，广告策划也要进行调整。

(三) 效益性原则

广告策划是以追求效益为目的的经济活动,企业投放的任何一个广告都要追求广告效益。换句话说,就是以较低的广告费用投入,取得良好的经济效益或社会效益。这就要求营销人员在进行广告策划时,从消费者和企业两方面的利益出发,认真分析策划,选择最优方案,使企业乐于使用,消费者也乐于接受。

(四) 可操作性原则

广告策划是广告活动的依据和准绳。广告策划只有具有严格的科学性才会使广告活动按照其固有的客观规律运行。广告策划的科学性主要体现在广告策划的可操作性上。广告策划的流程和广告策划的内容有着严格的规定性,每一步骤,每一环节都是可操作的。经过策划,在具体执行广告计划之前,就能按科学的程序对广告效果进行事前测定。广告计划执行以后,若广告活动达到了预期的效果,说明广告策划意图得以很好地实现;若是没有达到预期的广告效果,可按照广告策划的流程回溯,查出哪个环节出了问题。

第二节 新媒体广告战略策划

一、新媒体广告战略策划概述

(一) 新媒体广告战略的概念

新媒体广告战略是指在新兴媒体平台上制定和执行的广告推广计划和策略。它利用互联网、社交媒体、移动应用和其他数字渠道,通过创新的广告形式和个性化的内容传播,以达到品牌推广、产品销售和用户参与的目标。以下是一些常见的新媒体广告战略的相关因素。

1. 定位与目标受众

明确定位广告目标受众,了解他们的特征、需求和消费行为,以便精准投放广告和定制内容。

2. 内容营销

通过有吸引力和有趣的内容来吸引用户关注和参与，以增强品牌认知和用户互动。

3. 社交媒体广告

利用社交媒体平台进行广告投放和品牌推广，与用户进行实时互动和社交分享。

4. 影响者营销

与社交媒体上的有影响力的个人或意见领袖合作，利用他们的影响力和粉丝基础来传播品牌信息和推广产品。

5. 搜索引擎营销

通过搜索引擎优化和搜索引擎广告等手段，提高品牌在搜索结果中的曝光度，增加网站流量和转化率。

6. 移动广告

针对移动设备用户，通过应用内广告、移动网页广告等形式，在移动应用和移动网页上展示广告，实现精准投放和用户触达。

7. 数据驱动营销

利用大数据分析和用户行为数据，精确分析用户兴趣和行为模式，以实现精准广告投放和个性化推荐。

8. 跨平台整合

将多个新媒体平台整合起来，通过跨平台的广告投放和内容传播，提高品牌曝光度和用户参与度。

9. 实时营销

利用实时数据和实时互动功能，及时把握市场动态，进行及时调整和反应，提高广告效果和反馈速度。

10. 用户生成内容营销

鼓励用户参与和创作内容，通过用户生成的内容来传播品牌价值和产品优势。

(二) 新媒体广告战略策划的特征

1. 新媒体环境的特征

(1) 数字化

新媒体环境是基于数字技术的,包括互联网、移动设备、社交媒体等,使信息以数字形式存储、传播和呈现。

(2) 实时性

新媒体环境下的信息传播和反馈速度非常快,用户可以即时获取和分享信息,实现实时互动和即时反馈。

(3) 互动性

新媒体提供了用户与内容、品牌和其他用户之间的互动机制,用户可以主动参与、评论、分享和创作内容,形成互动社区和网络。

(4) 多样性

新媒体环境中存在着多样的信息呈现形式,包括文字、图片、音频、视频等,丰富了用户的体验。

(5) 分众性

新媒体可以根据用户的兴趣、地理位置和个人特征进行精准投放和个性化推荐,实现针对性的内容传播和广告投放。

(6) 社交性

社交媒体是新媒体环境的重要组成部分,用户可以通过社交平台与其他用户进行交流、分享和互动,形成社交网络和社群。

(7) 全球性

新媒体具有全球范围的传播能力,突破了地理和时间的限制,使信息可以跨越国界和时区传播,扩大了信息的影响力和覆盖范围。

(8) 用户参与性

新媒体环境下的用户不再是被动接收信息的对象,而是积极参与内容创作、分享和评论的主体,用户生成内容成为新媒体的重要组成部分。

这些特征共同构成了新媒体环境的特殊性,对品牌推广、广告传播和用户参与产生了深远的影响,也为企业和个人提供了更广阔的宣传和交流平台。

2. 广告战略策划的特征

广告战略策划是指在广告活动中,为达到预期的广告目标和效果而制定的一系列策略和计划。下面是广告战略策划的几个特征。

(1) 全局性

广告战略策划是在一定时期内从宏观上对全局性的广告活动思想、目标、原则的运筹与谋划,因此具有明显的全局性。广告战略的全局性主要体现在以下两个方面:

第一,服务于企业营销战略。企业营销战略是企业在一定的经营思想指导下,分析企业外部环境、内部条件,确定市场营销目标,对企业营销诸要素进行最佳组合后,制定出的实现这些目标的长期的、系统的、全局的谋略。企业营销战略包括产品战略、价格战略、促销战略、分销战略等。广告促销战略是企业促销战略的重要组成部分。因此,广告战略是企业营销战略的一部分,它既要体现企业营销总体构思的战略意图,又要服从于企业营销战略,并创造性地服务于企业营销战略。

第二,着眼于广告活动全部环节。广告战略作为对广告活动的整体规划和总体设计,本身就是一项系统工程,它并不研究广告活动的每一具体步骤,而是从实际出发,研究广告活动在整体上应持什么态度,坚持什么原则,把握什么方向。广告战略统率广告指导思想、广告重点、广告目标、广告策略、广告创作、广告实施、广告效果评估等广告活动。因而广告战略的策划必须着眼于广告活动的全部环节。

(2) 指导性

广告战略是对整个广告活动过程的统筹和谋划,对广告过程中的各个具体环节都有指导意义。在广告策划过程中,不论是广告推行程序策划还是广告媒体策划都是操作性和实践性极强的环节。广告战略策划所要解决的是整体广告策划活动的指导思想与方针的问题,它为广告策划的实践性环节提供了宏观指导,能使广告活动有的放矢,有章可循。

(3)目标性

广告活动具有明确的目标。广告战略策划要解决广告活动中的主要矛盾,保证广告目标的实现。因此,广告战略策划要围绕广告目标这一中心来进行。一般来说,广告战略的目标性主要体现在以下两个方面:

第一,企业营销目标。营销目标是指企业在战略思想指导下,在战略期内企业全部市场营销活动所要达到的总体要求。它主要包括市场开拓目标、利润目标、销售增长率目标和市场占有率目标。广告活动作为企业营销组合的一种重要促销手段和组成部分,必须考虑企业营销目标。

第二,广告战略目标。广告战略目标是广告活动所要达到的预期目标,包括促进产品销售、扩大产品和企业的知名度。广告战略的策划必须确定明确的广告战略目标,目标确定之后,还要明确实现目标的相应指标,即确定目标的计量标准。广告战略目标的确定是广告战略策划的首要任务。没有广告目标或者广告目标不明确,广告战略策划也就失去了应有的意义。

(4)稳定性

广告战略是在市场调查的基础上经过分析研究制定的,对整个广告活动具有牵一发而动全身的指导作用,在一定时期内具有相对的稳定性。广告战略决定的是广告的原则、思想、目标,没有充分的理由和迫不得已的原因,不能随意改变广告战略。

(三)新媒体广告战略策划的程序

新媒体广告战略策划程序一般包括以下四个方面。

1. 确定广告战略思想

广告战略思想是广告活动的指南,开展新媒体广告活动首先要解决"为什么做广告"的问题。此处的"为什么"包含两层含义:一是对开展新媒体广告活动意义的认识，弄清新媒体广告活动对企业的整个经营会产生什么影响；二是对新媒体广告预期达到的效果要心中有数。要解决"为什么"的问题，其关键在于新媒体广告战略策划有明确的战略思想。

常见的战略思想有以下几种。

（1）积极进取的观念

持积极进取观念的广告战略策划者对广告的作用十分重视，在思想和行为上是积极进取的，战略目标是扩张型的，战略姿态是进攻型的，对市场环境的变化反应敏捷，期望通过有效的新媒体广告策划主动争取市场领导者地位或进行新产品推广和市场开拓。

（2）高效集中的观念

持高效集中观念的广告战略策划者很重视广告的近期效益，在新媒体广告战略策划中强调"集中优势兵力，打歼灭战"，以集中的广告投资和大规模的广告宣传，在某一个市场或某一时间内形成绝对的广告竞争优势，以求短期内集中奏效。

（3）长期渗透的观念

持长期渗透观念的广告战略策划者特别重视广告的长期效应，在新媒体广告战略中强调"持之以恒，潜移默化，逐步渗透"。

（4）稳健持重的观念

持稳健持重观念的广告战略策划者对广告的作用也比较重视，但在思想和行为上却比较谨慎，一般不轻易改变自己的战略方针，主要以维持企业的现有市场地位和既得利益为主要目标，很少有进一步扩张的要求。

（5）消极保守的观念

持消极保守观念的广告战略策划者对广告的战略作用不太重视，在思想和行为上比较消极被动，广告活动的主要目标在于推销产品。

以上五种观念都产生于一定的客观条件，同时又与特定的客观条件相适应。广告战略策划者应当根据新媒体广告活动所处的客观条件确立与之相适应的广告战略观念,这样才能使广告战略具有正确的指导思想。

2. 调查分析环境

企业的环境对广告战略的制定有着关键性的影响作用。广告策划者要想制定一个能引导企业的广告活动走向成功的新媒体广告战略,就必须全面调查和分析企业的环境,包括内部环境和外部环境。内部环境指企业自身的规模、产品、资金、人员、经营发展战略、营销战略等。外部环境指与本行业有关的经济、生产、市场、技术、竞争对手和有关政策等。

3. 确定目标和任务

在调查和分析环境的基础之上,企业可以确定围绕新媒体广告策划活动的基本目标和任务。任何一个广告活动,只有确定其基本目标和任务之后,才能有效地制定战略规划。新媒体广告活动的目标和任务往往取决于营销目标和任务的设定。

4. 制定战略内容

基本目标和任务确定后,就要着手制定新媒体广告战略的内容。一方面,制定一些指导性的政策,以引导广告活动实现其目标;另一方面,制定职能战略,主要包括市场、产品、广告媒体、广告表现、广告实施等一些特殊领域内的战略。

二、新媒体广告战略目标

新媒体广告策划过程中,对广告活动所要达成的目标的策划,是确立广告战略策划的中心环节。新媒体广告战略目标是企业开展新媒体广告活动所追求的具体目标和效果。作为广告活动的总体要求,广告目标规定着广告活动的总任务,决定着广告活动的行动和发展方向。

(一)新媒体广告战略目标的类型

根据不同的角度和目的,新媒体广告战略的目标可以分为以下类型。

1. 品牌建设目标

这类目标旨在提升品牌知名度、树立品牌形象和价值观。例如，增加品牌曝光量、提高品牌关注度、塑造品牌个性等。

2. 销售增长目标

这类目标旨在促进产品或服务的销售和利润的增长。例如，提高销售量、增加市场份额、提升客户转化率等。

3. 用户参与目标

这类目标注重用户的积极参与和互动。例如，增加用户评论和分享、提高社交媒体互动率、促进用户生成内容等。

4. 品牌忠诚度目标

这类目标着眼于建立和增强用户对品牌的忠诚度和长期关系。例如，提高品牌认可度、促进用户重复购买、增加用户口碑传播等。

5. 受众教育目标

这类目标旨在通过广告传播来教育受众、提供有价值的信息或知识。例如，提高用户对产品或服务的理解、改变用户行为习惯、提升用户的意识水平等。

6. 竞争优势目标

这类目标着眼于突出品牌的竞争优势，与竞争对手区别开来。例如，强调产品特点、突出品牌的差异化、凸显独特的价值主张等。

7. 可持续发展目标

这类目标强调企业的社会责任和可持续发展。例如，推动环保理念、倡导社会公益活动、提倡公正和道德的商业实践等。

这些目标可以根据具体的广告活动和市场需求进行组合和调整，以适应不同的广告策略和目标群体。同时，这些目标也可以相互关联和影响，形成综合的广告战略目标。

（二）新媒体广告战略目标的制定

通过系统分析企业的内部环境和外部环境，重点把握所处的新媒体环境和可利用的新媒体条件，制定出明确的新媒体广告战略目标，并通过广告活动实践，借助一种或多种新媒体或整合使用新旧媒体，达成该战略目标。

制定新媒体广告战略目标要从企业的具体情况出发，选择切实可行的战略目标。战略目标虽具有一定的稳定性，但不能一成不变，尤其是在瞬息万变的新媒体环境下，要根据实际情况做出调整。

在许多情况下，广告战略的目标不止一个，而是具有多个目标。在这种情况下，必须分清层次，明确哪些是总目标，哪些是分目标；哪些是外部目标，哪些是内部目标；哪些是主要目标，哪些是次要目标；哪些是近期目标，哪些是长远目标。在选择和确定新媒体广告战略时，应抓住总目标，突出主要目标，兼顾分目标和次要目标，并努力协调好外部目标与内部目标、近期目标和长远目标之间的关系，使企业内部目标的落实为外部目标的实现创造条件，使近期目标的落实为长远目标的实现创造条件。

三、新媒体广告战略设计

战略思想的确立是新媒体广告战略策划的基础，广告目标的制定是新媒体广告战略策划的核心，对内外环境进行分析是新媒体广告策划的前提，而广告战略设计则是新媒体广告战略策划的关键。广告战略设计就是设计众多广告战略方案，并从中选择最能体现广告主战略思想、符合新媒体广告策划实际、满足企业市场营销需要的广告战略方案。

（一）新媒体环境下的广告创作战略

新媒体广告创作涉及战略、策略、创意和制作等诸多环节，是新媒体广告运作中至关重要的一环，也是充分体现新媒体广告创造性和挑战性的一环。新媒体广告创作过程充满着变化和刺激，体现着理性与激情；新媒体广告创作战略则为广告创作提供了协调统一的指导。

新媒体广告创作战略是广告战略和目标在广告创作领域的具体体现

和运用,和其他广告战略一样是总体设计的一部分。

1. 战略任务

新媒体广告要实现最终目标,必须对消费群体的观念和行为施加影响。新媒体广告创作就是将恰当的广告信息要素以有效的形式创作成广告作品,借由新媒体平台传达给消费群体的过程。广告信息要素包括主题、创意、文字、图形、色彩、画面、音响等诸多方面,新媒体广告信息要素依托互联网、移动终端、数字技术等不同的载体,全方位地呈现广告战略决策。广告创作战略长期从总体上指导广告作品对消费群体观念和行为的影响。

2. 基本原则

新媒体广告主发布广告的目的是向消费群体传递其有意图的广告信息。这种广告主意图传递的广告信息就是预期信息。消费群体通过广告作品接收到的信息就是接收信息。接收信息的多少和程度体现了广告的效果和影响。成功的新媒体广告创作,无论采取什么方式,总能将广告的预期信息巧妙且有效地传递给消费群体,并对消费群体的观念和行为产生影响。因此,新媒体广告创作的基本原则就是预期信息和接收信息可靠的一致性。这里的"可靠"是指广告作品传递预期信息的方式具有很强的说服力和可信度;"一致"是指预期信息和接收信息完全符合,广告没有偏差地传递信息,消费群体没有偏差地接收信息。

3. 新媒体广告创作的战略定位

新媒体广告创作战略从总体上对具体的创作策略和过程进行指导,主要体现在对创作的战略定位上。新媒体广告创作的战略定位是指对广告创作进行的整体性、方向性规划,以指导具体的广告创作过程,从而在总体上达到一致的理想效果。

新媒体广告创作的战略定位需要从影响广告创作的诸多因素中区分出那些对产品或品牌具有核心意义的要素或组合。这些要素包括创作风格、主题与题材、广告信息、顾客需求等。

新媒体广告创作的战略定位保证了新媒体广告创作总体上的特征性与一致性，有利于塑造品牌和强化对消费群体的影响。需要注意的是，战略定位的指导方向并不是绝对的，由于特殊情况的需要而进行的不同导向的策略性新媒体广告创作并不违背总体定位。新媒体广告创作的战略定位的选择取决于企业的经营战略和竞争情况。新媒体广告创作的战略定位应随着企业经营和竞争的不同状况进行调整。

（二）新媒体环境下的消费群体广告战略

消费群体广告战略是新媒体广告策划的战略和目标在消费群体领域的具体体现，为随后其他广告策略的实施和运用提供方向性和原则性的指导。要达到促进销售的基本目的，新媒体广告要将恰当的信息通过最有效的渠道传递到恰当的对象，并最终通过影响消费者的观念和行为来进行。消费群体广告战略设计要从总体上明确新媒体广告策划所应面对的消费群体和努力方向。我们通过以下的具体内容来具体理解。

1. 通过对消费群体的战略决策影响其观念和行为，促进最终销售

新媒体广告在本质上和传统广告一样，都是营销手段和信息传播工具，新媒体广告活动和新媒体广告策划的最终目的都是实现特定信息传达和有效地促进销售。作为消费群体领域的广告战略，成败与否的关键在于能否针对消费群体采取有效战略。因此，消费群体广告战略的基本任务，就是通过对消费群体的战略决策，明确传达特定信息，影响其观念和行为，促进最终销售。

2. 对消费群体有条件的最大有效影响

对消费群体有条件的最大有效影响是消费群体广告战略的基本原则。广告是商业活动，需要有代价和回报地利用经济资源。所谓"有条件"，是指针对消费群体影响的范围和程度要受到当前条件的限制，包括现有新媒体资源、企业经营方针和营销战略策略等；"最大"，就是要充分利用新媒体广告的经济资源使其产生最大的影响；"有效"，即这种

影响必须符合消费群体广告战略的目的和任务，符合营销战略和任务，对新媒体广告主和消费群体双方来说都是合意的。

3. 特征群与基本点

企业不可能将大量的资源耗费在毫无针对性的消费群体上，因此，广告需要面对有某种共同特征的或大或小的消费群体。这些群体具有多种多样的特征，但总有一些是新媒体广告活动所能利用的。因此，消费群体战略首要的内容就是对消费群体的战略概括，即总结出"特征群"和"基本点"。

"特征群"是指新媒体广告活动中具有概括性和战略性共同特征的群体，是新媒体广告所需面对的消费群体在战略上的概括。概括性是指对群体的描述是定性的，是对消费群体的总结。战略性是指这种描述是有战略意图的，为随后的策略实行提供方向性的指导。新媒体广告活动特征群的概括性和战略性的共同特征就是"基本点"。基本点为消费群体广告战略提供了努力的中心和焦点。特征群和基本点的差异，使得两者的新媒体广告活动从总体上会呈现不同的风格和方向。

特征群和基本点与广告策略中目标市场策略的细分市场和基本特征不同。特征群和基本点着重战略性、长期性、方向性和抗衡性，是所有广告活动和广告策略在消费群体方面共同围绕的中心；细分市场和基本特征则是针对广告活动的特定化和具体化的衡量，强调为其他广告策略提供明确的依据和标准。特征群和基本点在相当长的时期内保持不变，除非营销广告战略发生重大转变；细分市场和基本特征则可以随着某一广告活动和运动的目的而改变。

4. 针对观念和行为的努力方向

新媒体广告对销售和品牌的作用是通过影响和改变消费群体的观念和行为来实现的，因此，要从战略上明确新媒体广告活动在观念和行为两方面的努力方向。

从长远看，新媒体广告活动对消费群体观念和行为的影响包括创造观念和诱发吸引、培养观念和鼓励购买、维持观念和持续购买、转变观念和重塑习惯。通过以上四个方面，消费群体广告战略从总体上为新媒体广告活动提供了针对消费群体观念和行为的努力方向。新媒体广告策划者可以为广告策略的开展和实施选择适合产品现阶段营销状况的组合。针对观念和行为的努力方向为整体广告活动提供了统一协调的聚合力，使得新媒体广告活动和广告策略能够朝着一致的方向多样化发展。

5. 消费群体的战略组合

在明确了消费群体广告战略的努力方向之后，还需确定实现这些努力的战略组合，包括扩张型群体战略、集中型群体战略、强化型群体战略、开发型群体战略和转变型群体战略等。

扩张型群体战略和集中型群体战略都是针对消费群体范围而言的。扩张型群体战略是新媒体广告活动的作用在于逐步扩大消费群体的战略；集中型战略是活动的作用集中于特定的消费群体的战略。

强化型群体战略和开发型群体战略则是针对消费群体的深度挖掘。强化型群体战略是新媒体广告活动的作用在于强化特定消费群体观念和行为的战略；开发型群体战略是新媒体广告活动的作用在于开发原有消费群体的战略。

与其他战略不同，转变型群体战略是新媒体广告活动的作用在于转变消费群体的观念甚至原有消费群体观念的战略。

新媒体广告主和广告策划者可以根据需要选择合适的消费群体广告战略组合来实现有效的努力。例如，拥有数量巨大的潜在消费群体、意在争取市场领导地位的产品可以采用扩张型与强化型相结合的广告战略，在扩大市场份额的同时增强市场势力，以此巩固其市场地位；凭借某一新技术或新产品开拓市场的企业，可以利用集中型和扩张型相结合的战略方式，在小范围市场争夺成功后转向大范围领域；重新进入市场的旧企业或品牌，可以选择转变型或扩张型相结合的战略方式，先扭转消费群体对其固有的形象，再逐步扩大市场影响。

(三)新媒体环境下的广告媒体战略

媒体是广告信息传递的渠道，是广告作品的载体，是广告主和广告策划者控制广告投入的有效工具。在新媒体环境下，广告媒体战略是广告战略和目标在新媒体领域的具体运用和体现，是媒体策略和计划的总体概论和指导。

1. 通过对新媒体的战略决策影响新媒体广告与受众的接触

广告作用的发挥有赖于三方面的直接配合：合适的目标群体、优秀的广告作品和有效的媒体接触。其中，媒体作用的发挥对于广告活动具有更为关键的意义。新媒体有着与传统媒体不同的传播模式，其以新的方式发挥着沟通广告与受众、承载与传递信息的作用。作为广告职能战略之一的广告媒体战略，其应承担的基本战略任务就是通过对新媒体的战略决策影响新媒体广告与受众的接触。

2. 高效率和高效益的信息传递与受众接触

在竞争激烈的市场环境下，企业在制定新媒体广告战略时需要有效利用广告费用，同时追求高效率和高效益。与高效率和高效益相关的因素如下。

(1) 目标受众定位

精确定位目标受众是提高广告效率和效益的关键。了解目标受众的特征、兴趣和行为习惯，选择适合他们的新媒体平台和渠道进行广告投放，可以最大程度地提高广告的接触和传播效果。

(2) 媒体选择和组合

根据目标受众的特征和广告目标，选择适合的新媒体平台和组合方式。考虑不同媒体的受众覆盖率、互动性、广告形式和成本等因素，进行合理的媒体策略规划，以达到最佳的广告效果。

(3) 数据分析和优化

通过对广告投放过程中的数据收集和分析，及时了解广告效果，包括曝光量、点击率、转化率等指标。根据数据分析结果，及时调整广告投放策略和优化广告内容，以提高广告效率和效益。

（4）创意和信息传递

创意是吸引受众注意力和传递广告信息的重要因素。制作与目标受众相关、有吸引力和互动性的广告创意，能够增强广告的传播效果和提高品牌记忆度，进而增加广告效益。

（5）成本控制和效果评估

在制定广告媒体策略和投放计划时，需要综合考虑媒体费用和广告效果之间的关系。控制广告费用的增长，同时通过有效的效果评估机制，对广告投放的效果进行监测和评估，确保广告投入的高回报率。

总之，高效率和高效益是新媒体广告战略的核心目标。通过精确定位目标受众、选择适合的媒体平台和组合、数据分析和优化、创意和信息传递、成本控制和效果评估等策略，可以增强广告的传播效果和提高投资回报率，实现新媒体广告的商业成功。

3. 广告媒体的战略组合

在新媒体广告策划中，广告媒体战略组合主要包括扩张型媒体战略、稳固型媒体战略、收缩型媒体战略、持续型媒体战略以及间歇型媒体战略等。

按照整体广告活动利用媒体资源的规模状况，可以分为扩张型媒体战略、稳固型媒体战略和收缩型媒体战略。扩张型媒体战略是指整体广告活动利用媒体资源呈扩张趋势的战略。这种扩张趋势包括组合的扩大、投放频次的增多、媒体品质的提升和费用的增长等多种形式。稳固型媒体战略是指保持整体广告活动利用媒体资源的比例相对固定的战略，媒体组合、投放、媒体品质和费用都相对固定，没有战略上的变动。收缩型媒体战略是指整体广告活动利用的媒体资源呈缩减趋势的战略，表现为媒体组合、投放、媒体品质和费用的逐步减少。这三种媒体战略及变动取决于广告主的经营决策和营销战略。当新媒体广告主扩大经营和加大营销力度时，很可能引起扩张型媒体战略决策；反之，则可能引起收缩型媒体战略决策。

按照整体广告活动利用媒体资源的发布时间，可以分为持续型媒体战略和间歇型媒体战略。持续型媒体战略指整体广告活动对新媒体资源的利用保持相对稳定和连续的战略。广告受众可以在长期内持续接收到来自新媒体的广告信息。间歇型媒体战略是指整体广告活动对新媒体资源的利用呈现间歇状态的战略。这种间歇状态出现的原因在于新媒体广告主经营活动的战略决策的变化。

(四) 可供选择的广告战略

广告战略按照不同的标准划分还有多种类型，在新媒体广告策划中制定广告战略时，可从以下广告战略类型中进行选择和组合。

1. 总体战略和职能战略

从整体与局部的关系来看，广告战略分为总体战略和职能战略。

总体战略指的是新媒体广告活动整体的、全局性的战略。它主要说明新媒体广告活动的方向。因此，总体战略的基本内容是战略范围、资源部署以及有关全局性的方针和原则。

职能战略主要是指消费群体、产品、广告媒体、广告创作、广告实施等一些特殊领域内制定的战略。

2. 守势战略、攻势战略、分析战略和被动型战略

从新媒体广告活动本身的目标和任务与环境提供的机会和可能受到的威胁相适应的关系来看，广告战略分为守势战略、攻势战略、分析战略、被动型战略等。

处于比较稳定环境中的企业多采用守势战略（或称防御战略）。企业为了维护自己的市场地位，经常运用不间断的新媒体广告来维持产品知名度和市场占有率。广告在这里的作用不仅是推销产品，还要维持和巩固企业的市场地位。

采取攻势战略的企业与采取守势战略的企业正好相反，它们希望保持动荡不定的变化环境，并借此寻找开发新产品、开拓新市场的机会。

分析战略是一种介于守势战略和攻势战略之间的战略。采取这种战略的企业，既想保持传统的产品和原有顾客，又想开发新产品、开拓新市场，故而采用稳定与相应变动相结合的较灵活的政策。对于这类企业，在新媒体广告策划中要注意企业现有利益与期望利益、长远利益与短期利益的结合。

一个失败的企业往往会对环境的变化反应迟钝，无法做出正确的判断或采取正确的措施，处于被动的状态。这类企业应选择被动型战略，在新媒体广告策划中不要急功近利，要针对问题的原因采取循序渐进的解决方法，使企业逐步适应市场环境的变化，之后再寻求发展。

3. 发展战略、稳定发展或保持现状战略、紧缩或转向型战略和放弃战略

从产品市场增长与市场份额变换之间的关系来看，广告战略可采取发展战略、稳定发展或保持现状战略、紧缩或转向型战略、放弃战略等。企业应根据产品的市场定位来调配本身的资源，对处于不同市场地位的产品采取不同的投资发展战略。

名牌产品采用发展战略最为合适。对于仍处于风险状态的产品，如果有希望转变为名牌产品，亦应采用这种战略。这种战略就是给这些产品增加投资，提高产品质量，扩大市场销售量和本企业产品的市场份额，同时还应该放弃一些短期的利润以求得长期有利的地位和长期稳定的利润收入。新媒体广告宣传要紧紧配合这种战略需要，为创建名牌服务。因此，发展战略也称为名牌战略。

对于市场销路已经达到最高盈利水平的产品，其市场规模不太可能再有较大的扩大，但要维持本身已占有的市场份额；不必再进行新的投资，还可收回大量的资金以支持其他方面的发展。因此，在新媒体广告策划中对这类产品应以维持其市场占有率为目标，采取稳定发展或保持现状战略。

对于处于风险状态又未能转向名牌的产品，或原本处于盈利状态但

开始转向滞销的产品来说，应采取紧缩或转向型战略。对这种产品不能增加投资，而应该撤退或进行产品的更新换代，或者转向别的新产品。

对处于严重滞销状态的产品，最干脆的方法就是放弃这种产品。因此，对于这种产品也就没必要进行任何形式的广告宣传，果断采取放弃战略。

4. 普遍型战略

所谓普遍型战略，是指各种企业都可以普遍采用的一种战略包括区别型战略、薄利多销型战略、重点战略等。

区别型战略能使企业所提供的产品区别于别的企业。也就是说，本企业所提供的产品在质量、设计、用途等方面要有自己的显著特点。只有这样，才能维持和扩大自己的市场，取得最大的利润。

薄利多销型战略是指适当降低产品的价格来实现大量销售的目的，从而获取相对更大的利润。

重点型战略是指把自己的产品重点放在某一地区或某些特殊的顾客方面。

四、新媒体广告预算策划

新媒体广告预算策划是广告策划者为实现企业的战略目标，对广告主在一定计划期内投入新媒体广告活动所需经费总额及其使用范围、分配方法所做的策划。如何合理而科学地确定新媒体广告投资方向，控制投资数量，使新媒体广告投资获取所期望的经济效益和社会效益，是新媒体广告预算的主要研究课题。

（一）广告预算策划的作用和分类

广告预算策划在广告战略中起着重要的作用，它有助于确定广告活动的财务规划和资源分配，确保广告活动能够在预期的范围内进行并达到预期的效果。

1. 广告预算策划的作用

(1) 资金管理

广告预算策划有助于管理广告活动的资金。它明确了可用于广告活动的资金总额以及如何分配这些资金到不同的广告媒体、渠道和活动上，从而确保资金的合理利用。

(2) 资源分配

广告预算策划帮助确定广告活动所需的各种资源，包括人力资源、物料资源和技术资源。合理的资源分配，可以提高广告活动的效率、增强广告活动的效果。

(3) 目标设定

广告预算策划需要与广告目标和市场需求相匹配。通过合理设定广告预算，可以确保广告活动能够达到预期的目标，并与其他营销活动协调一致。

(4) 控制和评估

广告预算策划提供了控制广告活动成本和效果的依据。通过对预算执行情况进行监控和评估，可以及时调整广告活动的策略和资源分配，以提高广告活动的回报率。

2. 广告预算的分类方式

(1) 按时间分类

可以按照广告活动的时间范围划分预算，例如年度预算、季度预算或单次活动预算。

(2) 按媒体分类

可以按照广告投放的媒体类型划分预算，例如电视广告预算、网络广告预算或户外广告预算。

(3) 按项目分类

可以按照广告活动的具体项目划分预算，例如产品推广预算、品牌建设预算或促销活动预算。

(4) 按功能分类

可以按照广告活动的不同功能划分预算，例如创意制作预算、媒体购买预算或市场调研预算。

(5) 按地域分类

可以按照广告投放的地域范围划分预算，例如国内预算、区域预算或全球预算。

这些分类方式可以根据具体的广告策略和需求进行灵活组合和调整，以满足广告活动的要求并确保预算的有效管理和控制。

(二) 新媒体广告预算的内容和制定步骤

1. 新媒体广告预算的内容

新媒体广告预算的内容包括新媒体广告活动中所需要的各种费用，具体来说，有以下几个方面。

(1) 新媒体广告调查与策划费

新媒体广告调查与策划费包括进行新媒体广告活动开展市场调研的费用、购买各类资料和情报的费用、进行整体策划的费用。

(2) 新媒体广告设计与制作费

新媒体广告设计与制作费包括各种类型的新媒体广告的照相、翻印、录音、录像、文字编辑、网页设计、后期制作等费用。

(3) 新媒体广告投放与发布费

新媒体广告投放与发布费指在各类新媒体载具中植入、投放、发布所需的费用。

(4) 新媒体广告行政管理费

新媒体广告行政管理费指广告人员的行政费用，包括工资以及办公、出差和管理的费用等。

(5) 新媒体广告机动费

新媒体广告机动费指在新媒体广告预算中为应对新媒体广告活动中的临时需求而预留的费用。

2. 新媒体广告预算的制定步骤

新媒体广告预算的制定步骤包括以下几方面。

(1) 调查研究

在制定新媒体广告预算之前必须对企业所处的市场环境和社会环境、企业自身情况和竞争对手情况进行调查，尤其是对实施广告策划活动区域的新媒体投放与受众接触情况进行调查，这是新媒体广告预算制定的前提。

(2) 综合分析

在进行了全面的调查后，要结合企业的新媒体广告战略目标和调查情况进行综合分析研究，进而确定新媒体广告预算的总额、目标和原则。

(3) 拟定方案

根据已确定的新媒体广告预算总额、目标与原则，拟定广告预算的分配方案。新媒体广告预算方案的选择涉及许多部门和许多因素。因此，要集思广益，尽可能设计出切实可行的方案。如果有多种方案，就要通过反复分析与比较，从多种方案中确定费用相对小而收益相对大的方案。

(4) 落实方案

将最后确定下来的预算方案具体化。它包括广告经费各项目的明细表及责任分担、广告预算按新媒体类别的项目预算分配、新媒体广告计划细目的实施和预算总额之间的协调等。方案的落实是新媒体广告预算实现的保证。

(三) 新媒体广告的付费模式

了解当前新媒体广告的主要付费模式，是为了更好地进行新媒体广告预算策划。由于新媒体广告与传统广告有很大的不同，因此，它的付费模式也和传统的广告存在着极大的差别。一般来说，新媒体广告付费模式有以下几种。

1. 千人印象成本

千人印象成本（Cost Per Mill，CPM）是以广告图形（即有广告画面的页面）在计算机上每显示1000次为基准的收费模式。按访问人次收费指的是广告投放过程中，听到或者看到某广告的每一人平均分担到多少广告成本，传统媒体多采用这种计价方式。CPM是按照新媒体广告的显示次数收费而非按照浏览的时间收费。至于CPM究竟是多少，要根据以新媒体载具的热门程度（即浏览人数）划分价格等级，采取固定费率。

按照每千人次访问收费，从理论上来说比较科学，既保证了广告主的利益，使其付出的广告费用和新媒体浏览的人数成正比，保证广告主的支出和浏览人数直接挂钩，又可以促使商业新媒体尽力提高自己的知名度，吸引更多的客户和浏览关注者。一般说来，网站广告、移动媒体广告比较喜欢使用这种收费模式。CPM只要发生"目击"（印象或展露）就产生广告付费，它是目前诸多类型新媒体的主要收费方式。

按CPM收费的问题在于流量的计算。由于流量是按照新媒体广告被显示的次数来进行统计的，作弊起来十分简单，让一台计算机不停地载入就行了，或者编写一个小程序删除cookie（小型文本文件）或换代理服务器来载入页面。另外，大的网站流量是比较大，但这只是针对全体而言，对个体来说，情形则不一样，因为不同的网站有不同的客户。因此，要进行广告轰炸，也许小网站是最佳的选择，但如果希望不同类型的人看到，则应选择大的网站。一般说来，进行新产品的促销适用CPM模式。

2. 每千人点击成本

每千人点击成本（Cost Per Click，CPC）是以广告图形被点击并链接到相关网址或详细内容1000次为基准的新媒体广告收费模式。有时也以个人为单位，计算点击1次的成本，即每点击成本。它只是CPM的一个变种，与CPM付费模式基本一致，但这种方式能更好地反映受众是否真正对新媒体广告内容感兴趣。尽管 CPC 模式的费用要比 CPM 的费用要高很多，但广告主还是比较愿意使用这一计费方式，因为广告主能看到具体的结果。但经营新媒体的企业认为，虽然浏览者没有点击广告，但他们已经看到了广告，应该也有广告效果，不付费是不合理、不公平的。

CPC 模式的问题在于无法避免网站的作弊，尽管广告主规定了点击率，网站仍可利用不停删除（或修改）cookie 及换代理服务器等方法来作弊。应用这种方式时应注意 CPC 的不足。当然，要使网站的访问量增加和点击广告的次数上升，采用 CPC 模式是比较好的选择。

3. 每行动成本

每行动成本（Cost Per Action，CPA）是指按广告投放的实际效果，即按回应的有效问卷或订单来计费，而不限广告投放量。广告主为规避广告费用风险，只有当新媒体用户点击网络广告或手机广告链接到广告主网页，进行有效的回答和购买后，才付给广告站点费用。CPA 付费模式对于新媒体企业而言有一定的风险，但若广告投放成功，其收益也比 CPM 模式要大得多；广告活动的主动权掌握在广告主手中。这种方式目前使用较少，部分网络调查、网络游戏、移动 App 广告会采取此收费模式。

4. 每回应成本

每回应成本（Cost Per Response，CPR）以浏览者的每一个回应计费。这种广告付费模式充分体现了新媒体广告及时、互动、准确的特点，根据实际浏览者的答复来计费。但是，这一付费模式显然属于辅助销售的广告计费模式，对于那些实际只要亮出品牌名字就至少达到 50% 要求的广告，很多的新媒体企业都会拒绝的，因为那样做的结果是得到广告费的机会比 CPA 还要少。

5. 每购买成本

每购买成本（Cost Per Purchase，CPP）指的是广告主为规避广告费用风险,只在目标消费者接触或点击新媒体广告并进行在线交易后,才按销售数额付给约定的新媒体广告费用。无论是 CPA 还是 CPP,广告主都要求发生目标消费者的"点击",甚至进一步形成购买后,才能付费。这种模式能从根本上杜绝作弊现象的发生。

6. 以收集潜在客户名单多少来收费

以收集潜在客户名单多少来收费(Cost Per Leads,CPL),即用收集到的用户的电子邮箱地址和名称等向广告主换取费用。

7. 每次销售成本

以每次销售成本(Cost Per Sales,CPS)付费,即以广告主实际每次的销售产品数量来计算广告费用,新媒体根据产品的销售情况按比例来提取相应的佣金。它和 CPL 一样都是广告主进行特殊营销时所用的特别计费方式。

8. 每网页浏览数成本

每网页浏览数成本(Cost of Page View,CPV)是 CPM 的一种变种。所谓 page view 是指"网页的阅览数"。用户进入一个网站之后,很可能要浏览阅读好几层网页的内容,每看一张网页,就算一次 page view。企业要购买网络广告时,不要被该网站的巨量点击率所迷惑,应先看看网站具体的网页浏览数是多少,然后再决定要购买多少个 page view。如果网络广告刊登的时段到了,而 page view 还未达到广告主的购买量,广告主可以明确要求网站补足,延长广告刊登的时间。

需要补充说明的是,虽然基于业绩的广告收费模式(CPC、CPA、CPP 等)受到广告主的广泛欢迎,但并不意味着 CPM 模式已经过时。因为,从营销的角度来看,增加消费者的"印象"始终是广告主的重要营销目标之一,CPM 仍有存在的必要。相比而言,CPM 对网站有利,而 CPC、CPA、CPR、CPP 则对广告主有利。目前比较流行的计价方式是 CPM 和 CPC,最为流行的还是 CPM。

（四）新媒体广告预算的分配

1. 影响新媒体广告预算分配的因素

(1) 产品因素

大多数产品在市场上都要经过引入期、成长期、成熟期和衰退期四个阶段，处于不同阶段的同一产品，其广告预算有很大的差别。引入期、成长期的广告费用应高于成熟期和衰退期的广告费用。

(2) 销售量与利润率因素

为了增加销售量，企业往往会采取增加新媒体广告投入的方式。一般情况下，新媒体广告费增加了，企业的销售量和利润也应相应增加和提高。反之，如果新媒体广告投入增加了，销售量和利润却上不去，那么企业的积极性肯定要受挫，继而减少新媒体广告投入，削减新媒体广告预算。因此，新媒体广告产品的销售量与利润因素也是影响新媒体广告预算的一个方面。

(3) 竞争对手因素

新媒体广告是企业进行市场竞争的一个手段，新媒体广告预算也因而受到竞争对手的影响。竞争对手之间进行新媒体领域的市场竞争，往往以新媒体广告宣传的形式表现出来，在一定程度上，新媒体广告的竞争就变为新媒体广告预算的竞争。即竞争对手增加新媒体广告预算，企业为与其抗衡，也会迅速做出反应。

(4) 企业实力因素

新媒体广告预算的高低，受企业的财力状况、技术水平、生产能力和人员素质的影响。企业规模大、实力强、产量高、资金雄厚，当然可以把新媒体广告预算制定得规模宏大；反之，如果企业的资金、产品规模都比较小，则在制定新媒体广告预算时，应量力而行，不可盲目求大。

(5) 消费者因素

消费者是市场的主体，也是新媒体广告宣传的受众，消费者的行为不仅影响市场的走向，也影响新媒体广告预算的制定。当消费者对某种产品反应较为冷淡时，企业应该加大广告宣传的力度，刺激消费，使消费者逐渐认识产品；当广告产品已被消费者认同，在消费者心目中有较高的地位时，企业可以适当控制或减少广告预算，以节省费用。

（6）媒体因素

不同的新媒体有不同的广告受众、广告效果和价格。以网络广告为例，一般来说，网上搜索引擎广告的费用最高，其次是按网页内容定位的广告，再就是主要门户类平台的主页旗帜广告，而电子邮件类广告费用相对较低。又如，网络视频类广告覆盖范围有大有小，收视率有高有低，网络电子报刊及图书这些媒体的权威性不同，其广告的费用也有明显的差别。因此，在制定新媒体广告预算时，必须考虑不同的媒体因素的影响。

2. 新媒体广告预算的分配方法

（1）重点产品分配法

重点产品分配法是将企业所经营的所有产品进行分类，把可以一起做新媒体广告的产品归为一类，然后确定重点类新媒体广告产品，即主打产品，在进行新媒体广告预算分配时，首先保障主打产品对新媒体广告经费的需要，以主打产品的"点"带动整个产品的"面"的一种预算分配方法。

（2）重点对象分配法

企业在财力有限的情况下，要避免将广告经费平均分配，盲目开展新媒体广告活动，要在细分广告目标受众的基础上选择重点广告对象，整合利用重点对象所能接触到的多种新媒体工具。

（3）重点区域分配法

这里所说的区域是指新媒体广告信息的传播区域，而不是广告产品的销售区域。新媒体广告经费在进行地区分配时，要根据各个地区对产品的现实需求和潜在需求、细分市场和目标市场的分布以及市场竞争状况等因素进行合理分配。

(4) 重点媒体分配法

这种分配方法是按照媒体具体类型的不同来分配广告预算，以整合多种新媒体平台，进行立体传播。受产品与新媒体的相容性、新媒体的使用价格、受众对新媒体的接受程度、新媒体广告经费总额等因素的影响，企业在对广告经费进行分配的过程中，要注意突出重点，合理整合。

(5) 重点时间分配法

重点时间分配法就是按照新媒体广告活动开展的时间来有计划、有重点地分配广告经费。一般有两种情况：一是按新媒体广告活动期限长短进行分配，有长期性广告预算分配和短期性广告预算分配，还有年度广告预算分配、季度广告预算分配和月度广告预算分配；二是按新媒体广告信息传播时机进行分配。

(6) 重点活动分配法

如果企业在规划期内要举行若干次新媒体广告宣传活动，则活动要有重点和非重点之分。对于重点新媒体广告活动，在广告预算经费的安排上要特别予以保障；而对于持续进行的新媒体广告活动，在广告预算的安排上，要根据不同阶段、不同时期、不同区域的情况有重点地统筹分配。

第三节　新媒体广告策略策划

一、新媒体广告目标市场策略

广告在新媒体环境下的目标是吸引目标受众的关注，而不再是追求广泛的社会传播。因此，广告需要更加准确地投放，找准目标受众，以吸引他们的注意力。

新媒体广告目标市场策略包括以下几种。

（一）集中性目标市场策略

广告主选择一个或少数几个具有高度关联性和潜力的目标市场进行专注投放。这种策略适用于产品或服务的特定需求群体，可以更好地满足其需求并建立品牌认知度。

（二）个性化目标市场策略

广告主将目标市场细分为不同的个体或细分市场，根据其特定需求和偏好进行个性化定位和投放。这种策略能够更好地满足不同受众的需求，提供定制化的广告信息。

（三）无差异性目标市场策略

广告主将广告信息面向整个市场，不进行细分或差异化投放。这种策略适用于需求相对均匀的产品或服务，能帮助广告主获得更高的市场覆盖率和知名度。

（四）差异性目标市场策略

广告主根据不同市场细分的特点和需求，针对性地进行差异化投放。这种策略适用于市场细分明显，不同受众具有不同偏好和需求的情况。

企业在选择目标市场策略时需要考虑多个因素，包括企业自身的条件和资源、产品特点、市场竞争情况等。这就要求企业进行市场调研和分析，了解目标受众的需求和行为，以及竞争对手的策略和定位，从而做出合理的决策。

二、新媒体广告定位策略

新媒体广告凭借其独特的传播优势，日益成为企业普遍采用的一种促销手段。由于新媒体广告具有非强迫性传达信息的特点，因此，新媒体广告策划人员要善于使用新媒体广告的定位策略提高信息传播的质量和效率。

(一) 新媒体广告定位的作用

新媒体广告定位是指确定广告在新媒体平台上的目标受众和定位策略。它在新媒体广告中起着至关重要的作用,具体如下。

1. 精准触达目标受众

新媒体广告定位可以帮助广告主更精确地找到和定位目标受众群体。通过深入了解受众的特征、兴趣、行为等信息,广告主可以将广告信息准确地投放给潜在消费者,提高广告的触达效率和准确性。

2. 提升广告效果

通过对目标受众的精准定位,广告主可以根据受众的特点和需求来制定广告内容和传播策略。这样可以更好地使目标受众产生共鸣,提高广告的关注度和吸引力,从而增强广告效果。

3. 节约广告成本

新媒体广告定位可以帮助广告主将广告资源和预算投放到更具有潜力和回报的目标受众群体中,避免资源的浪费。这样可以提高广告的投资回报率,并有效控制广告成本。

4. 建立品牌认知和形象

通过精准定位,广告主可以将广告信息传递给具有相关需求和兴趣的目标受众,从而建立起品牌的认知和形象。

总之,新媒体广告定位的作用在于通过精准的目标受众定位,帮助广告主更好地触达目标受众,增强广告效果,节约广告成本,并建立品牌认知和形象。它是新媒体广告策略中不可或缺的重要环节。

(二) 新媒体广告定位策略的内容

1. 市场定位策略

市场定位策略是依据市场细分原则,找出符合产品特性的基本顾客类型,确定目标公众。所谓市场细分,就是策划者通过市场调研,依据消费者的需要、购买行为和购买习惯等方面的差异,把某种产品的市场整体划分为若干个消费群体。受众需求的日益细分使得新媒体要承担起提供更详细、更专业的信息的责任。

新媒体广告作为一种有别于传统广告的新型传播形式,要突出其以消费为导向的个性化的特点,在广告的定位上注意了解受众的特点,瞄准受众的需求,寻找市场细分后的目标客户群,有针对性地传递信息,做到覆盖范围与目标消费者分布相吻合。

2. 产品定位策略

企业的产品具有多方面特性,拥有许多优势,网络广告由于受带宽的限制,其承载的信息量有限。如果企图详尽宣传产品的各个方面,目标过多,往往会导致宣传主题的弱化,降低宣传效果。因此,需要运用产品品质定位策略,一个广告只针对一个品牌、一定范围内的消费者群,并找出产品诸多性能中符合目标公众要求和产品形象的主要特征,通过简洁、明确、感人的视觉形象表现出来,使其强化,以达到有效传达的目的。

3. 观念定位策略

所谓观念定位策略,就是在广告策划过程中,根据公众接受的心理确定主题观念的一种策略。根据诉求方式的不同,观念定位策略可分为正向定位和逆向定位两种。

(1) 正向定位策略

正向定位即在广告中突出产品在同类产品中的优越性。在广告作品中,找出目标公众的关心点,编写出有感染力的宣传词,充分展示商品的优势,从而产生良好的宣传效果。

(2) 逆向定位策略

这是一种针对现代人所特有的逆反心理而采用的宣传方式。逆反心理是公众在外界信息刺激下,有意识地摆脱习惯思维的轨迹,用相反的思维方式进行探索的一种心理取向。根据这种效应,可以策划"正话反说"的宣传作品，通过"禁止"来刺激公众消费欲望，有时比正面宣传更有效。

面对蓬勃发展的新媒体经济，任何一种产品的畅销都会很快导致大量企业挤占同一市场，产品之间的差异变得越来越小。企业要在这种市场条件下生存和发展，不仅要突出产品自身的特点，更要利用有效的营销工具和促销手段，走到消费者的前面，去引导消费和"创造"消费。新媒体广告定位策略的灵活运用，可以避免设计上的盲目性，使新媒体广告切实成为企业的营销利器。

三、新媒体广告诉求策略

广告诉求是产品广告宣传中所要强调的内容，也称之为"卖点"。广告诉求策略是新媒体广告策划大框架中的一项核心内容，体现了整个广告的宣传策略，其往往是广告成败关键之所在。倘若广告诉求选定得当，会对消费者产生强烈的吸引力，激发起消费者的消费欲望，从而促使其实施购买产品的行为。

新媒体广告要达到有效诉求的目的，必须具备三个条件：正确的诉求对象、正确的诉求重点和正确的诉求方法。

（一）新媒体广告的诉求对象策略

正如并非所有的消费者都是某种产品的消费者和潜在消费者，新媒体广告的诉求对象也不是所有接触到的广告受众，而是一群特定的受众，即通过新媒体平台接触和影响的产品的目标消费群体。我们把通过各种新媒体接触到某一广告的人称为某一新媒体广告的受众，而把借助新媒体工具将某一广告信息传播所针对的那部分消费者称为新媒体广告的诉求对象。

在新媒体选择和组合得当的广告活动中，各类新媒体载具所覆盖的受众与广告的诉求对象应该完全重合，或者诉求对象完全包含在广告受众之中，受众的数量稍大于诉求对象的数量。

新媒体广告诉求对象应该是新媒体广告主产品的目标消费群体，即产品定位所针对的消费者，而且是购买决策的实际执行者。

1. 诉求对象由产品的目标消费群体和产品定位决定

在新媒体广告策划中，诉求对象决策应该在目标市场策略和产品定位策略已经确定之后进行，根据目标消费群体和产品定位而做出。因为目标市场策略已经直接明确了新媒体广告要针对哪些细分市场的消费者，而产品定位策略中也再次申明了产品指向哪些消费者。

2. 根据产品的实际购买者决定新媒体广告最终的诉求对象

根据消费者在购买行为中所担任的角色不同，可将其划分为发起者、决策者、影响者、购买者和使用者。如儿童消费群体，他们是很多产品的实际使用者，广告中的代言人、卖场销售人员乃至父母的亲朋好友都可能承担影响者的角色，但这些产品最终的购买者和决策者却由其父母担任，因此儿童产品的广告应该致力于运用新媒体平台去接触他们的父母，并将父母作为新媒体广告的诉求对象。

(二) 新媒体广告的诉求重点策略

1. 新媒体广告不能传达所有的信息

关于企业和产品的信息非常丰富，但是并不是所有的信息都需要通过新媒体广告来传达，新媒体广告也不能传达所有的信息，原因如下。

第一，新媒体广告活动的时间和范围是有限的，每一次新媒体广告活动都有其特定的目标，企业不能指望只通过一次新媒体广告活动就达到所有的广告目的。

第二，新媒体广告传播的时间和空间也是有限的，在有限的时间和空间中不能容纳过多的广告信息。

第三，受新媒体载具自身传播形式和互动效果影响，若新媒体广告活动形式近似于传统媒体那样的单向传播，与受众之间不能形成很好的互动，那么受众对新媒体广告的关注时间和记忆程度也是有限的。而在很短的时间内，受众不能对过多的信息产生正确的和深刻的印象。

第四，产品的目标消费群体有其特定的需求，他们通过新媒体平台搜寻他们感兴趣的信息，而不是所有的广告信息。

因此，新媒体广告所要传播的不是关于企业和产品的所有信息，而只是其中的一部分，而且在新媒体广告中，对不同信息也各有侧重。我们将所有关于企业和产品的信息称为广告信息的来源，将所有通过某一新媒体广告传达的信息称为新媒体广告信息，而将在新媒体广告中向诉求对象重点传达的信息称为新媒体广告的诉求重点。

2. 制约新媒体广告诉求重点的因素

（1）新媒体广告目标

新媒体广告的诉求重点首先应该由广告目标来决定。如果开展新媒体广告活动是为了扩大品牌的知名度，那么广告应该重点向消费者传达关于品牌名称的信息；如果新媒体广告活动的目的是提高产品的市场占有率，那么广告的诉求重点应该是购买利益的承诺；如果新媒体广告活动的目的是短期的促销，那么广告应该重点向消费者传达关于即时购买的特殊利益的信息。

（2）诉求对象的需求

新媒体广告的诉求重点不应该是对于企业和产品最重要的信息，而应该是直接针对诉求对象的需求，即诉求对象最为关心、最能够引起他们的注意和兴趣的信息。因为企业认为重要的信息，在消费者看来并不一定非常重要。因此，诉求重点策略的决策应该在对消费者的需求有明确把握的基础上进行。

（三）新媒体广告的诉求方法策略

新媒体广告的诉求方法策略主要是通过不同的方式和手段来吸引目标受众的注意并传达广告信息。以下是一些常见的新媒体广告诉求方法策略。

1. 创意营销

通过独特、有创意的广告内容和形式吸引受众的兴趣和注意力。例如，使用幽默、感人的故事情节，以及创意的视觉效果和音效等。

2. 互动参与

通过与受众互动的方式增加参与感和参与度。例如，推出有奖互动活动、用户生成内容活动，以及与受众进行在线互动和反馈等。

3. 个性化定制

根据受众的兴趣、偏好和行为特征进行个性化广告定制。例如，根据受众的浏览历史、购买记录或地理位置等信息推送相关的广告内容。

4. 跨平台整合

将广告内容在多个新媒体平台上进行整合和推广，增加广告的覆盖面，提高广告的曝光度。例如，在社交媒体、视频平台、搜索引擎等多个渠道同时展示广告。

5. 品牌故事讲述

通过讲述品牌背后的故事和核心价值观来吸引受众的共鸣和情感连接，建立品牌认知和忠诚度。

6. 社交分享

鼓励受众在社交媒体上分享广告内容，扩大广告的传播范围和影响力。例如，提供社交分享按钮或激励用户在社交媒体上分享广告以获取奖励。

7. 移动优先

针对移动设备用户的特点和使用习惯进行广告优化和定制。例如，采用响应式设计、短视频广告和本地推送等。

这些策略可以根据广告的目标、受众特点和媒体平台的特点进行灵活组合和调整，以达到更好的广告效果。

四、新媒体广告表现策略

广告表现，就是借助各种手段将广告的构思创意转化为广告作品的过程，即按照广告的整体策略，为广告信息寻找有说服力的表达方式，以及为广告发布提供成型的广告作品的过程。而广告表现策略，就是包含在广告的整体策略中的，关于广告信息的有效传达方式的指导性方针。

新媒体环境下，传统意义上告知性的由单一媒体形式发布的广告，其传播力日显薄弱。在数字技术日新月异的今天，各种新兴的媒体形式如雨后春笋般涌现出来。新媒体平台融合了图像、文字、声音、视频、交互等多种传播手段，极大地丰富了视觉传达的表现方式和范围。与此同时，整合营销传播理念的提出，为广告能够有效整合各种表现元素，用一个统一的声音对品牌进行全方位的传播提供了理论支持。

（一）新媒体环境下广告表现的变革

广告表现是对广告创意的实现，是创意的一种物化形式，直接关系到消费者对广告产品及品牌的好恶。由于新媒体环境下传播模式的变迁及受众接受、处理信息的心理和方式的变革，广告表现在思维观念、形式调性、内容结构、文体语言等方面都与传统广告表现有很大不同。

1. 广告表现思维观念的变化：更加强调精准、互动

数字时代下，指导广告表现的思维观念发生了很大变革。传统广告表现强调 ROI 原则，即相关性（Relevance）、原创性（Originality）、震撼性（Impact），而数字时代的广告表现除了强调 ROI，更加强调在此基础上的精准性、互动性。精准性意味着广告要根据目标消费者的需求和喜好来表现广告诉求，而精准营销并实现高传播效果的实质在于一对一的个性化匹配。一些网络游戏的嵌入式广告就很好地利用了精准传播，再如微信广告中的一对一推送等。

互动性成为新媒体广告表现的又一利器。相对于传统的"推"式广告，数字时代的互动性广告更讲究"拉"，即把受众拉进广告中来，借此实现完整的广告表现，如网络互动广告、微博、微信广告等。传统媒体也努力通过跨媒体的形式实现广告的互动表现，如某品牌汽车的杂志公益广告，读者用手机扫描二维码就会发现广告中路面上的人不见了，由此提醒人们开车勿看手机。该广告有效地吸引了受众的注意力并激发

了受众的参与热情，在有趣的互动中，广告主题自然而然就凸显出来。

2. 广告表现形式的变化：风格多元化，时尚性、游戏性凸显

传统广告受到技术水平的限制，其表现空间有限，而新媒体技术的发展给广告表现注入了蓬勃生机和源源不断的创意源泉。从表现形式来讲，传统广告多为平面化、静态化的展示，这种被动的强制展示容易引发消费者的逆反心理，使传播效果呈负增长。而新媒体时代的广告表现则利用动态化、立体化、综合化的展示来吸引消费者，让生硬的单向传播转变为心灵的双向沟通。

有了新媒体技术的驱动，广告表现风格和调性较以往有了极大丰富。广告表现更加新颖，凸显出时尚化、游戏化的特性，怪诞、奇幻等超现实主义风格的植入使得广告表现更具张力。虽然广告表现元素没变，但元素的组合空间却大幅提升了。传统广告表现中，图片、声音、文字等带给受众的多是视觉和听觉的感受，新媒体广告则利用这些元素，在技术的驱动下，超越时空、虚拟现实，带给受众视觉、听觉、嗅觉、味觉、触觉五感体验。广告本身意图被极大弱化，表现内容更加隐蔽。消费者的积极参与，也让这种娱乐性、游戏性强的广告全面渗透现实，成为日常生活的一部分。

3. 广告表现内容结构的变化：走向"协同"，创意传播呈现一体化

新媒体环境下，企业需要在与受众的互动中产生创意，在产生创意的过程中实施传播，广告创意与表现不再将受众排除在外，广告表现的结果最终是企业与受众协同创意的结果。不仅如此，广告创意与传播、营销与传播都将实现一体化，创意的过程既是传播的过程，也是营销的过程。

4. 广告表现文体语言的变化：更加个性化、自由化、互动化

广告语言是广告表现的重要组成部分，承担着表现主题、明确诉

求、烘托氛围及与消费者沟通的作用。新媒体时代中,广告文体语言开始突破传统框架的束缚,变得更加个性化、自由化、互动化,并且可以在传播过程中引发受众的模仿创造。

(二)新媒体广告表现的具体策略

1. 新媒体互动广告表现策略

新媒体的出现和数字技术的高速发展,带来了互动广告的新变革,而每次变革必将会为广告业注入新鲜血液,更多新的形式将被广泛应用。需要指出的是,互动广告不是互联网技术出现后才有的新型广告,只是在新媒体出现后,得到了迅速发展。

新媒体环境下的互动广告主要包括以下形式:网络广告(如关键字广告、网站广告、博客广告等)、移动媒体广告、交互电视广告和其他数字形式互动广告(如二维码广告、互动投影广告、触控技术广告、镜面广告、虚拟现实技术广告、空间感知技术广告等)。

进入新媒体时代,广告的媒介、受众等都有了不同程度的发展,广告表现也必然要进行策略上的调整。常见的互动广告表现策略主要有以下几种。

(1) 提供利益式互动表现策略

任何生物都具有趋利性。在互动广告活动中,广告主可以通过设置奖励,比如赠品、折扣等,来吸引消费者主动参与互动。从心理学的角度来看,行动源于需要而发于诱因,互动要有驱策力。"奖励"诱因是目标受众对广告与营销活动产生行动的原动力。在网络上,用户"点击广告"其实是消耗成本,需要以"奖励"作为回报,否则,互动难以实现。在微博上,最常见的就是有奖转发的广告。

(2) 制造悬念式互动表现策略

这种表现策略主要是利用人们对事物的控制欲望和知晓欲望来吸引他们参与互动。对于年轻的网民来说,这种策略能够诱发其猎奇心理,驱使其寻求问题的答案，使其从不自觉的被动状态变成自觉的主动状态，最终达到互动的效果。使用与满足是广告互动传播的主要驱动力。如果广告内容能够满足受传者的信息欲求，解决正存在的问题，为其排忧解难，受传者就很可能向传播者主动传递信息。此类表现策略可从生活经验入手进行思考，对客户需求和产品优势进行深入调查，找到二者的契合点，并将其转化成问题。

（3）游戏式互动表现策略

即以娱乐为诱因，以互动游戏为载体，在受众参与的过程中传播广告信息，从而达到潜移默化的宣传效果。网络互动、自主的传播特性，使受众可以只"点击"他们感兴趣的广告，这要求新媒体广告更加具备服务性或娱乐性，或者两者兼备，只有这样，才能增强新媒体广告的黏合力和吸引力。按照广告内容和游戏的融合程度，游戏互动表现策略分为以下两个层面：

第一个层面，在网站提供的免费游戏的开头、中间、结尾，或者游戏的四周发布广告。产品/品牌特性与游戏内容无明显关联。广告成为"免费游戏"的"附带条件"，由于受众比较投入，对广告的注意值也较高。

第二个层面，将产品/品牌信息嵌入游戏环境当中，通过与网民进行互动，产生更强的说服效果。可以特别定制，也可以改编已有游戏。互动性、趣味性强的游戏，使网民不仅从网页上简单获得产品信息，还能在游戏过程中加深对产品印象。

（4）体验式互动表现策略

指通过利用虚拟现实等技术，引导用户参与使用产品/品牌，使其预先获得消费体验，并对该产品/品牌产生了解、认同和共鸣，从而达成广告目的。在新媒体广告中，这种"感受"是多感官立体式和即时的。体验式互动策略可以达到使消费者从知其名到试用再到进一步被说服并采取购买行动的多层次交互效果,并通常具有娱乐性。

市场营销理论认为,"求新"是消费者的基本购买动机。新的产品/品牌容易激发消费者的试用欲望,新媒体上免费的、带有趣味性的"使用",自然会引发互动效应。

2. 社交媒体广告表现策略

新的广告表现形式持续不断地出现,比如互动型视频、微电影等,这表明,未来社交媒体广告表现不会受到投放平台、技术等因素的限制,相反,它借着社交媒体强大的优势抓住新技术所提供的各种可能,以更多新颖、有趣的方式呈现在消费者面前。

相对于"传统"互联网广告,社交媒体广告在应用中的表现更凸显个性化和精准性。从国内网络广告的发展现状来看,有许多品牌商或营销人员并未对社交媒体广告有正确的认识,这导致我们日常接触到的大多数所谓的社交广告还不能算完全意义上的社交媒体广告。例如,仅仅只是将广告生硬地投放在社交媒体上,定位不变,表现策略也不变,只是简单地将媒介换成了社交媒体,这样就不能指望社交媒体能瞬间发挥出它的魔力。

事实上,社交媒体广告表现要注重两大关键点——广告内容和用户体验。广告内容的设定和用户体验的考量必须融合社交媒体的平台价值和用户属性,尝试用更有意思的形式去表现社交媒体广告,让广告的交互性变得更强、社交场景更丰富。这样制定出来的表现策略才有可能创造出真正意义的社交媒体广告。

除了最普遍的网幅广告之外,互动视频广告、插播式/弹出式广告、用户分享/自创、微电影、品牌主页、信息流广告等,是到目前为止品牌商与服务商最常用来表现社交媒体广告的几大表现形式。

(1) 原生广告表现策略

原生广告也称赞助内容广告。基于年龄、地理位置、兴趣爱好等用户数据的原生广告是社交媒体上出现的一种新型广告。它以一种更能融入网站环境本身的形态植入其中，不会干扰用户，是否要点开观看广告内容，皆取决于用户的选择。

社交媒体使互联网广告不再僵硬、直白地出现在用户面前。一个关键字、一个链接、一张图片，或是一部短片，都可以是一则广告。原生广告是一种从网站和 App 用户体验出发的盈利模式，由广告内容所驱动，并整合了网站和 App 本身的可视化设计。这种原生于网站的广告不会在边边角角上生存，也不会干扰到用户。它们存在于内容信息流中，如果做得好的话，它们还会因为这样的品牌内容形式——推广的视频、被赞助的内容、相关的优惠券及受赞助的文章发表，为网站的用户体验带来新的价值。

（2）广告与社交应用或社交工具的创新结合策略

广告与社交应用或社交工具的创新结合，使内容分享更方便，互动更活跃。

新型社交媒体广告在实践应用中的出色表现，或许正是要告诉我们技术的发展永远都是社交媒体广告创意表现的有力支撑。广告表现策略中新技术的应用将成为创新黑马，同时，技术的发展以其独特的方式为广告表现策略提供了一系列双向沟通和测量的可能性。新形态的社交媒体广告还在继续诞生。

（3）增强互动体验的表现策略

以往技术的落后很大程度上制约了新媒体广告的表现力，如今技术发展开始让体验更佳的社交媒体广告成为可能。新产品上市想要一鸣惊人，就得利用创意的黏性吸引人们持续关注。广告互动过程中，高度的交互性、可操作性以及可控制性使得受众感受到对信息的驾驭能力，而社交时代的集体参与体验可以让他们产生更大的互动热情。

参考文献

[1]艾进,李先春.体验经济下的广告与新媒体管理[M].成都:西南财经大学出版社,2018.

[2]曹芸,刘亚杰,王志强.新媒体营销[M].镇江:江苏大学出版社,2019.

[3]段金明,张翼.广告设计与策划[M].沈阳:辽宁美术出版社,2017.

[4]付晓光.新媒体实务[M].北京:中国传媒大学出版社,2018.

[5]何牧.新媒体营销[M].北京:中国财富出版社,2019.

[6]胡玲.新媒体营销与管理[M].北京:清华大学出版社,2020.

[7]黄益.互联网时代背景下新媒体营销策略研究[M].长春:吉林大学出版社,2019.

[8]康若熙,伍尚红.新媒体时代下的广告设计与传播[M].长春:东北师范大学出版社,2017.

[9]李东临.新媒体运营[M].天津:天津科学技术出版社,2018.

[10]李鸿明,沈鹤.平面广告设计[M].成都:电子科技大学出版社,2017.

[11]李雪萍,岳丽.新媒体广告策划与设计[M].北京:化学工业出版社,2022.

[12]林波.数字新媒体营销[M].北京:中国人民大学出版社,2020.

[13]刘斌.新媒体营销与策划[M].西安:西安交通大学出版社,2021.

[14]柳冰蕊,夏镇杰,韩江月.新媒体广告设计[M].北京:人民邮电出版社,2021.

[15]孟昊雨.网络新媒体营销与技术[M].北京:中国商务出版社,2021.

[16]孟茹,查灿长.新媒体广告规制研究[M].南京:南京大学出版社,2018.

[17]潘巧兰.新媒体营销[M].北京:中国人民大学出版社,2019.

[18]孙在福,杨婷,杨洁.新媒体营销[M].北京:电子工业出版社,2021.

[19]唐磊.新媒体营销精华[M].北京:中国水利水电出版社,2020.

[20]汪振泽.新媒体广告传播研究[M].北京:中国纺织出版社,2018.

[21]王辉.新媒体实战营销[M].北京:中译出版社,2020.

[22]王丽丽.新媒体营销实务[M].北京:中国人民大学出版社,2020.

[23]王敏,都文爽.新媒体营销[M].西安:西北工业大学出版社,2020.

[24]魏星,李庆,邓东.新媒体广告创意与设计[M].合肥:合肥工业大学出版社,2019.

[25]文胜伟,宋巍,陈永遥.新媒体视觉营销[M].北京:人民邮电出版社,2020.

[26]向登付.新媒体运营与营销实操手册[M].北京:中国商业出版社,2019.

[27]向颖晰.新媒体广告创意设计[M].长春:吉林出版集团股份有限公司,2022.

[28]杨若莹,张卫林,陈琪.新媒体营销[M].哈尔滨:哈尔滨工程大学出版社,2021.

[29]喻彬.新媒体写作教程[M].北京:中国传媒大学出版社,2018.

[30]张薇.新媒体广告[M].哈尔滨:东北林业大学出版社,2018.

[31]张文著.广告设计与新媒体艺术设计[M].南昌:江西美术出版社,2019.

[32]赵轶.新媒体营销与策划[M].北京:人民邮电出版社,2020.

[33]郑建鹏,张小平.广告策划与创意[M].北京:中国传媒大学出版社,2018.